Veronika Grill

Architektur in der Wellnessphilosophie

Veronika Grill

Architektur in der Wellnessphilosophie

Die Herausforderung für die Wellnessplanung zur Erstellung ganzheitlicher Konzepte

VDM Verlag Dr. Müller

Impressum/Imprint (nur für Deutschland/ only for Germany)
Bibliografische Information der Deutschen Nationalbibliothek: Die Deutsche Nationalbibliothek
verzeichnet diese Publikation in der Deutschen Nationalbibliografie; detaillierte bibliografische
Daten sind im Internet über http://dnb.d-nb.de abrufbar.
Alle in diesem Buch genannten Marken und Produktnamen unterliegen warenzeichen-, marken-
oder patentrechtlichem Schutz bzw. sind Warenzeichen oder eingetragene Warenzeichen der
jeweiligen Inhaber. Die Wiedergabe von Marken, Produktnamen, Gebrauchsnamen,
Handelsnamen, Warenbezeichnungen u.s.w. in diesem Werk berechtigt auch ohne besondere
Kennzeichnung nicht zu der Annahme, dass solche Namen im Sinne der Warenzeichen- und
Markenschutzgesetzgebung als frei zu betrachten wären und daher von jedermann benutzt
werden dürften.

Coverbild: www.purestockx.com

Verlag: VDM Verlag Dr. Müller Aktiengesellschaft & Co. KG
Dudweiler Landstr. 99, 66123 Saarbrücken, Deutschland
Telefon +49 681 9100-698, Telefax +49 681 9100-988, Email: info@vdm-verlag.de

Herstellung in Deutschland:
Schaltungsdienst Lange o.H.G., Berlin
Books on Demand GmbH, Norderstedt
Reha GmbH, Saarbrücken
Amazon Distribution GmbH, Leipzig
ISBN: 978-3-8364-6848-0

Imprint (only for USA, GB)
Bibliographic information published by the Deutsche Nationalbibliothek: The Deutsche
Nationalbibliothek lists this publication in the Deutsche Nationalbibliografie; detailed
bibliographic data are available in the Internet at http://dnb.d-nb.de.
Any brand names and product names mentioned in this book are subject to trademark, brand or
patent protection and are trademarks or registered trademarks of their respective holders. The use
of brand names, product names, common names, trade names, product descriptions etc. even
without a particular marking in this works is in no way to be construed to mean that such names
may be regarded as unrestricted in respect of trademark and brand protection legislation and
could thus be used by anyone.

Cover image: www.purestockx.com

Publisher:
VDM Verlag Dr. Müller Aktiengesellschaft & Co. KG
Dudweiler Landstr. 99, 66123 Saarbrücken, Germany
Phone +49 681 9100-698, Fax +49 681 9100-988, Email: info@vdm-publishing.com

Copyright © 2008 VDM Verlag Dr. Müller Aktiengesellschaft & Co. KG and licensors
All rights reserved. Saarbrücken 2008

Printed in the U.S.A.
Printed in the U.K. by (see last page)
ISBN: 978-3-8364-6848-0

KURZFASSUNG

Architektur als gebaute Umwelt ist der materielle Träger für das immaterielle Angebot Wellness. Die Nachfrage nach Raumangeboten zur Entspannung von Körper, Geist und Seele stehen auf der Wunschliste von Wellnessgästen ganz oben. Die Anforderung für die Wellnessplanung liegt darin, die Wellnessphilosophie in ganzheitlichen Konzepten umzusetzen.

Die vorliegende Arbeit setzt sich mit dem Thema der architektonischen Umsetzung von Wellnesskonzepten auseinander. Ziel ist es herauszufinden, nach welchen Kriterien ein Wellnesskonzept erstellt und in den Raum umgesetzt wird. Des Weiteren wird aufgezeigt welche Rolle ganzheitliches Denken, Wellnessphilosophie, Architektur, Innendesign, Trends, Nachhaltigkeit, Zusammenarbeit und Kommunikation spielen.

Die Arbeit gliedert sich in einen hermeneutischen und empirischen Teil. Um eine entsprechende Einführung in die Thematik zu gewährleisten, werden im hermeneutischen Teil, zentrale Begriffe des Forschungsgegenstandes vermittelt. Der Schwerpunkt liegt hierbei in der geschichtlichen Entwicklung sowie der gegenwärtigen Situation in der Praxis. In den Kapitel werden die folgenden Themen behandelt: Wellnessphilosophie, ganzheitliches Denken und Handeln, Architektur und Design, Wellnessarchitektur, Konzeptionsplanung mit Fokus auf Raum und Funktion, energetisches Bauen in Wellnessanlagen, ökologische Aspekte und Trends in der Branche.

Um den Zielsetzungen entsprechen zu können wurde eine empirische Studie durchgeführt. Zur Erhebung von Primärdaten, wurde eine qualitative Forschungsmethode, das Experteninterview, gewählt. Es wurden 18 Experten aus den Bereichen Wellnessplanung, Architektur, Tourismusberatung und Hotellerie interviewt, um die Thematik aus verschiedenen Sichtweisen betrachten zu können.

Die Ergebnisse zeigen, dass Architektur in Wellnessanlagen zur Schaffung von Raumgefühl und Atmosphäre eingesetzt wird. Darüber hinaus kann Architektur als Positionierungsmerkmal dienen, jedoch stellt sie aber nur einen Teilbereich von Wellness dar. Deshalb müssen ganzheitliche Konzepte einerseits die Aspekte Personal- und Qualitätsmanagement sowie Finanzierung und Vermarktungsstrategien mit einbeziehen und andererseits muss in der österreichischen Hotellerie eine Bewusstseinsbildung für die Zusammenarbeit mit Fachleuten stattfinden.

Zusammenfassend betrachtet wurde deutlich, dass die Höhe der Investition und die Größe des Hotels sowie die Einstellung des Betreibers ausschlaggebend sind, wie professionell an die Konzepterstellung eines Wellnessbereiches herangegangen wird. Aus diesem Grund ist die Herausforderung zur Erstellung von ganzheitlichen Konzepten ein noch lange nicht erschöpftes Thema für die Zukunft. Nicht zuletzt deshalb, weil das Verständnis für den Begriff des ganzheitlichen Denkens und Handelns noch nicht klar ersichtlich ist.

ABSTRACT

Architecture as the built environment is the tangible medium for the intangible wellness. The demands of wellness-guests include recreation facilities for body, mind and spirit have the highest priority. Implementing the wellness philosophy within a holistic concept of spas constitutes as the main challenge.

This thesis deals with the topic of architectural realisation of wellness concepts. It aims to investigate the decision criteria for creating a wellness concept. Furthermore, the research will points out the roles of holistic thinking and acting, architecture, design, trends, sustainability, cooperation and ultimately communication.

This thesis is structured in two relevant parts, the theoretical and the empirical part. The initial situation provides the concept of the topic investigated serving as the fundamentals of this thesis. The chapters of the theoretical part are based on literature analysis of secondary data focusing on the definitions of the terms: wellness philosophy, holistic thinking and acting, architecture, design, the importance of architecture in spas, planning of concepts, ecological aspects and current trends considering hotel spas.

The empirical part is based on qualitative research. Through expert interviews primary data has been collected. During the course of the research 18 interviews with experts of different fields, as for instance spa planning, architecture, tourism consulting and the hotel industry, provided an all-embracing insight of the area investigated.

Based on the findings, architecture creates a certain atmosphere within spas. Architecture as the USP constitutes as only one aspect of wellness. Therefore, holistic concepts on the one hand definitely need to include human resource and quality management, whereas on the other hand financing and marketing strategies have to be considered. For the future, it is essential to increase the awareness among Austrian hoteliers to cooperate with professional consultants and architectures.

To conclude, professional spa planning relies on the amount invested, the dimension of the hotel and furthermore the attitude of the operator. The lack of understanding and awareness considering holistic thinking and acting represents the major obstacle for the future. Therefore, the importance of this issue is continued to hold.

INHALTSVERZEICHNIS

ABBILDUNGSVERZEICHNIS

ABKÜRZUNGSVERZEICHNIS

AHHA	American holistic health association
Bgl.	Burgenland
BHVO	Bäderhygieneverordnung
BHygG	Bäderhygienegesetz
BMWA	Bundesministerium für Wirtschaft und Arbeit
bzw.	Beziehungsweise
d.h.	das heißt
ISPA	International Spa Association
Jhd.	Jahrhundert
LED	Light Emitting Diode
OECD	Organisation for Economic Cooperation and Development
uä.	und ähnliches
USA	United States of America
USP	unique selling proposition (Alleinstellungsmerkmal)
usw.	und so weiter
z.B.	zum Beispiel

1 EINLEITUNG

1.1 Ausgangssituation und Problemstellung

Im Zuge des Wellnessbooms der letzten Jahrzehnte sind viele neue Wellnessanlagen entstanden. Hoteliers entscheiden ihr Hotel um einen Wellnessbereich zu erweitern bzw. Vorhandene umzugestalten. Seit den 90iger Jahren werden hohe Investitionen in die Hardware getätigt und ein Wettrüsten nach dem Motto „Wer bietet mehr?" findet statt. Mit dem Resultat, dass derzeit in Österreich gigantische Wellnessanlagen mit bis zu 4.000m² entstehen, wie z.B. das Grand Spa Resort A-ROSA in Kitzbühel, welches als Sieger des Carpe Diem Wellbeing Guide 2007[1] hervorging.

Oftmals werden Architektur und Design kopiert und das Resultat ist ein Übermaß an ähnlichen Wellnessanlagen. Umso mehr ist Authentizität und Individualität der Räume gefragt. Dennoch stellt sich die Frage, ob Architektur alleine das nötige Wohlbefinden schafft, welches den zentralen Gedanken des Wellness darstellt. Die Anforderung für die Wellnessplanung liegt darin, die Wellnessphilosophie in ganzheitlichen Konzepten umzusetzen. In Betrachtung dieser Ausgangssituation diskutiert die Autorin in der vorliegenden Arbeit die Konzeptionsplanung einer Wellnessanlage mit dem Schwerpunkt auf Architektur.

Das persönliche Interesse der Verfasserin an der Thematik ist einerseits durch Absolvierung eines Praktikums bei pla'tou - Plattform für Architektur im Tourismus, begründet. In einer Grundlagenstudie wurde erstmals der Zusammenhang von Architektur und Wirtschaftlichkeit im Tourismus untersucht. Die Studie, im Auftrag vom Bundesministerium für Wirtschaft und Arbeit, der Wirtschaftskammer und dem Vorarlberg Tourismus, wurde im Mai 2007 veröffentlicht. In dieser Arbeit werden einige grundlegende Aspekte und Aussagen der Studie mit einfließen.

Andererseits stellt der Bereich Wellness und Gesundheit einen der ausschlaggebenden Gründe für die Wahl der Fachhochschule für Tourismusmanagement dar. Die Autorin selbst versucht so gut wie möglich nach der Wellnessphilosophie zu leben.

---

[1] vgl. Bahrer-Fellner (2006), S. 48

Nach Beendigung des Studiums ist für sie vorstellbar im Gebiet der Erstellung und Planung von Wellnesskonzepten zu arbeiten.

1.2 Zielsetzung und Bedeutsamkeit

Die vorliegende Arbeit befasst sich mit dem Thema der architektonischen Umsetzung von Wellnesskonzepten. Ziel ist es herauszufinden nach welchen Kriterien ein Wellnesskonzept erstellt und in den Raum umgesetzt wird. In weiterer Folge soll aufgezeigt werden, dass Architektur alleine nicht Wellness ausmacht, sondern nur einen Teilbereich darstellt.

Der Gegenstand der Arbeit ist relevant in Hinblick auf die grundsätzliche Diskussion des Themas der Architektur in Wellnessanlagen. Darüber hinaus ist die Arbeit ein Beitrag zu bestehenden Forschungslücken und ist von Interesse für Spaconsultants, Betriebe, die Wellnessanlagen ausstatten, Tourismusberater und Hoteliers, welche den Zu- oder Neubau eines Wellnessbereiches planen.

1.3 Forschungsfragen und Methodik

Aus der bereits erläuterten Problematik und Zielsetzung der Arbeit lässt sich folgende Hauptforschungsfrage ableiten:

- Nach welchen Kriterien wird ein ganzheitliches Konzept für eine Wellnessanlage erstellt und wird hierbei auf den holistischen Ansatz der Wellnessphilosophie eingegangen?

Aus der Hauptforschungsfrage resultieren zusätzliche Fragestellungen, welche zur Generierung der Hypothese (vgl. 5.3) beitragen:

- Was wird unter einem ganzheitlichen Spakonzept verstanden?
- Welche Rolle spielen Architektur, Innendesign, Trends, Nachhaltigkeit, Zusammenarbeit und Kommunikation?

Um eine entsprechende Einführung in die Thematik zu gewährleisten werden im hermeneutischen Teil, mit Hilfe von Sekundärdaten, zentrale Begriffe des Forschungsgegenstandes vermittelt. Der Schwerpunkt liegt hierbei in der geschichtlichen Entwicklung sowie der gegenwärtigen Situation in der Praxis.

Für den empirischen Teil zur Erhebung von Primärdaten, wird eine qualitative Forschungsmethode gewählt. Das Experteninterview verhilft dem Autor zu authentischen Sichtweisen der Befragten und die gelieferten Informationen werden argumentativ begründet eingesetzt. Es werden Interviews mit Experten aus den Bereichen Wellnessplanung, Architektur, Tourismusberatung und Hotellerie durchgeführt, um die Thematik aus verschiedenen Sichtweisen betrachten zu können.

1.4 Aufbau der Arbeit

Die vorliegende Arbeit gliedert sich in zwei Abschnitten, dem hermeneutischen (Kapitel 2-4) und dem empirischen Teil (Kapitel 5).

Zur Aufarbeitung der Thematik wird zunächst im zweiten Kapitel die Entstehung des Begriffes Wellness und der dazugehörigen Philosophie näher erläutert. Darauf folgend wird die Sichtweise des ganzheitlichen Denkens und Handelns dargestellt. Des Weiteren wird auf die Ursachen zur Entwicklung und dem Trend Outdoor-Wellness eingegangen. Im Anschluss wird eine Abgrenzung des Terminus Spa vorgenommen und der letzte Teil des Kapitels ist einem Exkurs zum Thema Körper und Tourismus gewidmet.

Im dritten Kapitel der Arbeit wird der Begriff Architektur definiert und eine Gegenüberstellung mit dem Begriff Design vorgenommen. Weiterführend wird die Tourismusarchitektur und im speziellen die Architekturgeschichte des Bades erörtert. Danach wir die Architektur in Wellnessanlagen sowie deren unterschiedliche Baustile analysiert. Schließlich wird ein innovatives Projekt eines Outdoor-Wellnesskonzeptes vorgestellt.

Das darauf folgende vierte Kapitel ist der Konzeptionsplanung einer Wellnessanlage gewidmet. Der Schwerpunkt liegt in der Raum- und Funktionsplanung, wobei auf das Innendesign mit Licht, Farbe, Duft, Klang und Materialien eingegangen wird. Des Weiteren wird energetisches Bauen in Wellnessanlagen, mit Hauptaugenmerk auf Feng Shui, erläutert. Abschließend werden das Beispiel eines Hotelprojektes und ökologische Maßnahmen beschrieben.

Anschließend beginnt mit dem fünften Kapitel der empirische Abschnitt, mit Erklärung der qualitativen Forschungsmethoden. Weiterführend wird das Experteninterview und dessen Organisation und Durchführung erläutert. Darüber hinaus wird das gesammelte Material ausgewertet, kategorisiert und zusammengefasst aufbereitet, mit dessen Hilfe eine Hypothesengeneralisierung vorgenommen wird. Im letzen Teil der Arbeit, dem sechsten Kapitel, sind die Interpretation der Verfasserin und ihre Schlussfolgerungen zur Thematik zu finden.

1.5 Limitationen

Die vorliegende Arbeit befasst sich in der Theorie nicht mit operativen Abläufen, wie Finanzierung, Vermarktung, Personal und Qualitätsmanagement, da es den Umfang der Arbeit übersteigen würde. Des Weiteren wird die Philosophie des ganzheitlichen Denkens und Handelns nur ansatzweise erklärt.

Ergänzend dazu wird darauf hingewiesen, dass nur die Konzeptionsplanung von Wellnessanlagen in Hotels und nicht von day spas, Thermen oder ähnlichen Anlagen untersucht wird. Die Experten sind zum überwiegenden Teil aus Österreich, vereinzelt wurden wichtige Player in der Branche aus den Nachbarländern, Deutschland und Schweiz, interviewt. Die Erreichbarkeit der Experten erwies sich grundsätzlich als positiv, jedoch konnte mit zwei gewünschten Personen kein Interview durchgeführt werden.

Die vorliegende Arbeit beinhaltet einige Bilder und Fotographien zur Veranschaulichung der einzelnen Thematiken. Die Rechte zur Veröffentlichung sowie die passenden Quellenangaben wurden mit den jeweiligen Hotels bzw. Einrichtungen im Vorfeld abgeklärt.

2 WELLNESS

Im Zuge des zweiten Kapitels sollen die relevanten Grundlagen zur Entwicklung und Ursache der Thematik Wellness dargestellt werden. Zunächst wird die Entstehungsgeschichte des Wellnessbegriffs und der Sichtweise des ganzheitlichen Denkens und Handelns beschrieben, sowie der Aspekt Wellness als Lebensphilosophie näher erläutert. Infolgedessen werden die Begriffe Wohlbefinden und Outdoor-Wellness erläutert und auf die Ursachen zur Entwicklung von Wellness eingegangen. Im Anschluss wird eine Abgrenzung zum Terminus Spa vorgenommen. Der letzte Teil des Kapitels, ein Exkurs, widmet sich dem Thema des Körpers im Tourismus.

2.1 Definition der Wellnessphilosophie

Wellness kennzeichnet ein neues Gesundheitsverständnis und kann als aktiver Prozess, welcher als Ziel das Wohlbefinden des Menschen hat, gesehen werden.[2] Gesundheit ist nicht mehr nur das Freisein von Krankheit und Gebrechen[3], sondern eine dynamische Entwicklung zur Steigerung des körperlichen, geistigen und seelischen Zustands und liegt in der Verantwortung jedes einzelnen Menschen.[4] Demnach kann Wellness als Lebensphilosophie mit holistischer Betrachtungsweise des Menschen verstanden werden. Es ist eine Willensentscheidung für einen Lebensstil, der durch persönliche Verantwortung, Ausgewogenheit und optimale Abstimmung körperlicher, seelischer und geistiger Gesundheit charakterisiert ist. Ziel ist die Balance von Körper, Geist und Seele und damit ganzheitlichen Wohlbefinden (vgl.2.2).[5]

---

[2] vgl. Nahrstedt (2002), S. 10; Chalupa (2001), S. 3
[3] vgl. WHO (1946) „Gesundheit ist ein Zustand des völligen körperlichen, psychischen und sozialen Wohlbefindens und nicht nur das Freisein von Krankheit oder Gebrechen"
[4] vgl. Nahrstedt (2002), S. 12
[5] vgl. Chalupa(2001), S. 7

Doch wo und wann ist der Begriff Wellness entstanden?

Der Begriff Wellness hat seinen Ursprung in den USA. Der Arzt HALBERT DUNN, hat im Jahre 1961 Wellness wie folgt definiert:

> „High–Level wellness for the individual is defined as an integrated method of functioning which is oriented toward maximizing the potential of which the individual is capable. It requires that the individual maintain a continuum of balance and purposeful direction within the environment where he is functioning."[6]

In DUNNS Worten ist Wellness ein spezieller Zustand von hohem menschlichem Wohlbefinden, welches den Menschen bestehend aus Körper, Geist und Seele sowie abhängig von seiner Umwelt versteht. Im weitesten Sinne setzt sich Wellness aus den beiden englischen Wörtern well-being und fitness zusammen.[7]

Ergänzend dazu spricht OPASCHOWSKI bereits 1987 von der Ablösung der Fitnesswelle durch Wellness. Er umschreibt Wellness als Fitness für Körper, Geist und Seele, welches auf persönliches Wohlbefinden abzielt.[8]

LANZ KAUFMANN formuliert Wellness „als einen Gesundheitszustand der Harmonie von Körper, Geist und Seele. Wesensbestimmende Elemente, sind Selbstverantwortung, körperliche Fitness, gesunde Ernährung, Entspannung, geistige Aktivität sowie Umweltsensibilität."[9]

Wie sich zeigt ist die Definition von LANZ KAUFMAnn vergleichbar mit dem erweiterten Wellnessmodell von NAHRSTEDT.[10] Die Selbstverantwortung des Menschen steht im Mittelpunkt des veranschaulichten Modells (vgl. Abbildung 1). Die Bereiche Gesellschaft und soziale Beziehungen werden als zusätzliche Rahmenbedingungen aufgenommen. Ferner wird in dem Bereich Entspannung zwischen Meditation und Stressmanagement unterschieden. Geistige Aktivität wird durch Bildung erweitert, sowie die gesunde Ernährung durch Diät. Vervollständigt wird das Wellnessmodell durch die erstmalige Implikation des Segmentes Beauty / Körperpflege.[11]

---

[6] Dunn (1977), S. 4ff
[7] vgl. Lanz Kaufmann (1999), S. 35; Dunn (1977), S. 4ff
[8] vgl. Opaschowksi (1987), S. 34
[9] Lanz Kaufmann (1999), S. 37
[10] vgl. Nahrstedt (2002), S. 13; Marktl (2000), S. 93
[11] vgl. Marktl (2000), S. 93

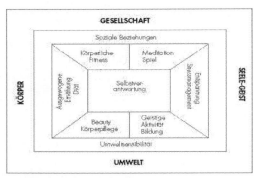

Abbildung 1 : Erweitertes Wellnessmodell von Nahrstedt[12]

2.2 Ganzheitliches Denken und Handeln

Die Erstellung ganzheitlicher Wellnesskonzepte setzt ein ganzheitliches Denken und Handeln voraus. Da sich die vorliegende Arbeit mit dieser Thematik beschäftigt, wird deshalb im folgenden Abschnitt näher darauf eingegangen.

Denken und Handeln resultieren aus der Art und Weise, wie der Mensch seine Umwelt wahrnimmt. In der heutigen Gesellschaft wird oftmals die Forderung nach einem Umdenken, einer Neuorientierung laut. Dies ist in der Tatsache begründet, dass die Welt von heute vom Menschen gemacht wurde. Die vorherrschenden Probleme stellen Ergebnisse menschlichen Handels dar. Neue Denkweisen sind erforderlich, da physikalisch, mathematisch kausale Wissenschaften nicht mehr zum erwünschten Ziel führen. Jedoch zeigt sich, dass die neue rationale Denkweise den gewohnten Denkvorstellungen widerspricht und deshalb eine Herausforderung für den Menschen darstellt.[13]

---

[12] vgl. Nahrstedt (1999), S. 368
[13] vgl. Ulrich (1988), S. 11ff

Ganzheitliches Denken beruht auf einem breiten Horizont, geht von größeren Zusammenhängen aus und berücksichtigt viele Einflussfaktoren. Die ganzheitliche Perspektive basiert auf dem Grundgedanken, dass die Welt aus einer Vielzahl von miteinander verknüpften Systemen besteht. Wenn ein Mensch ganzheitlich denkt, nimmt er seine Umwelt und seine Rolle in dieser auf eine spezielle Art und Weise wahr. Die Bausteine ganzheitlichen Handelns und Denkens können wie folgt beschrieben werden:[14]

- Das Ganze und seine Teile: Ein System ist ein dynamisches Ganzes aus dem Zusammenwirken einzelner Teile. Der Begriff System definiert die Form der Wahrnehmung und verlangt analytisches und integrierendes Denken.

- Vernetztheit: Um ein dynamisches System verstehen zu können, ist es notwendig die Verbindung zu kennen. Lineare Ursache- und Wirkungsketten bilden kein passendes Modell und werden durch das Netzwerk ersetzt. Die zirkularen, kreisförmigen Verknüpfungen können auf sich selbst zurückwirken und den Zeitverlauf ändern.

- Das System und seine Umwelt: Auf Grund des Evolutionsprozesses stehen Systeme und Umwelt immer in einer Wechselwirkung. Durch die natürliche Selektion überleben nur die angepassten Arten und Systeme.

- Komplexität: Ist die Fähigkeit eines Systems, in kurzen Zeiträumen eine große Zahl von verschiedenen Zuständen annehmen zu können. Dazu zählen soziale und ökologische Systeme, im Gegensatz zu Maschinen, welche nicht komplex, sondern trivial und voraussagbar sind.

- Ordnung: Entsteht durch Regeln, welche die Freiheit des Verhaltens der Teile und des Ganzen beschränken. Ordnung besteht nicht nur auf materieller sondern auch auf geistiger Ebene und ermöglicht dem Menschen sich zurechtzufinden.

- Lenkung: Bedeutet das Verhalten eines Systems unter Kontrolle zu halten. Steuerung und Regelung sind zwei verschiedene Arten von Lenkung.

---

[14] vgl. Ulrich (1988), S. 25ff

- Entwicklung: Soziale Systeme können sich entwickeln, d.h. sich nach veränderten Werten ausrichten und ihr Verhalten qualitativ verbessern.

Diese eben genannten Elemente sind wesentlich für das Konzept des ganzheitlichen Denkens und Handelns. Sie sind auch mitentscheidend für das Wohlbefinden des Menschen, einem essentiellen Aspekt des Wellness, welcher im nun folgenden Kapitel beschrieben wird.

2.3 Wellness als Weg zum Wohlbefinden

Das Wohlbefinden, als das Hauptziel des Wellnessgedanken, ist ein schwer fassbarer Zustand und eine eindeutige Definition erweist sich als schwierig. Man könnte es mit den Aussagen „glücklich sein", „zufrieden sein" und „gesund sein" versuchsweise beschreiben.[15]

PARIKH beschreibt Wohlbefinden als Zusammenspiel des menschlichen Systems, bestehend aus der physischen, mentalen (geistigen) und emotionalen (seelischen) Dimension. Jede Dimension beinhaltet positive und negative Zustände, wie in Abbildung 2 dargestellt. Um Wohlbefinden verstehen und empfinden zu können, muss der positive Bereich in allen Dimensionen erreicht werden.[16] Ganzheitliches Wohlfühlen kann somit durch ein ausgeglichenes körperliches, geistiges und seelisches Wohlbefinden erreicht werden.[17]

---

[15] vgl. Chalupa (2001), S. 16f
[16] vgl. Parikh (1994), S. 60
[17] vgl. Chalupa (2001), S. 18

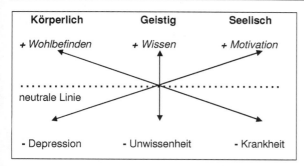

Körperlich	Geistig	Seelisch
+ Wohlbefinden	+ Wissen	+ Motivation

neutrale Linie

- Depression   - Unwissenheit   - Krankheit

Abbildung 2: Dimensionen des menschlichen Systems[18]

Dennoch ist Wohlbefinden als individuell anzusehen und von Mensch zu Mensch unterschiedlich. Es ist situationsbedingt abhängig von der körperlichen, geistigen und seelischen Verfassung, welche wiederum von externen Faktoren mit beeinflusst wird.[19]

In ähnlicher Weise definiert die AHHA, american holistic health association, Wohlbefinden als Balance von körperlichen, emotionalen, mentalen und spirituellen Aspekten.[20]

2.4 Outdoor-Wellness

„Wellness ist kein Trend mehr, sondern ein Grundbedürfnis des Menschen um Wohlbefinden zu erlangen."[21] Kabinen, Räume und andere Einrichtungen reichen dem Menschen heutzutage nicht mehr aus, um ein ganzheitliches Wohlbefinden zu verspüren. Deshalb geht der Trend zu den Wurzeln, zur Ursprünglichkeit des menschlichen Wohlfühlens, der Natur. Seit jeher versucht die Menschheit im Einklang mit der Natur zu leben. Jedoch bedingt durch die schnelllebige Zeit und steigende Globalisierung ist der Umgang mit den natürlichen Ressourcen in Vergessenheit geraten.[22]

Im Zuge des Individualisierungstrends (vgl. 4.3.1) zeigt sich auch, dass sich der Mensch zunehmend mit sich selbst aktiv auseinander setzt. Dieses Bedürfnis bezeichnet der

---

[18] Eigene Darstellung in Anlehnung an Parikh (1994), S. 61
[19] vgl. Chalupa (2001), S. 20f
[20] vgl. AHHA (2003), S. 8
[21] Krißmer (2004), S. 22
[22] vgl. Krißmer (2007), o.S.

Zukunftsforscher HORX als Selfness.[23] Aus diesem Grund versucht der Mensch wieder naturverbundener zu leben, in die Natur zu gehen, durchzuatmen, körperlich aktiv zu sein und die Flora und Fauna zu genießen. Ebenso bestätigt die zunehmende Spiritualität (vgl. 4.3.5) den Bedarf nach energetischer Verwurzelung, welche sich in der freien Natur erleben und wahrnehmen lässt.[24]

In Bezug auf die eben genannten Aspekte ist die Idee von Outdoor-Wellness aufgekommen. Der Tiroler Architekt KRISSMER glaubt an eine steigende Nachfrage und entwickelt gerade ein neues Outdoor-Wellnesskonzept, um den Wellnessgast ein Leben in und mit der Natur bieten zu können (vgl. 3.6).[25]

2.5 Die Ursachen zur Entwicklung von Wellness

Die Motive und Ursachen der Wellnessbewegung sind einerseits auf die Neuorientierung des Kurwesens, bedingt durch politische Veränderungen und Sparmassnahmen nationaler Leistungsträger, zurückzuführen.[26] Andererseits sind gesellschaftliche Veränderungen festzustellen, welche die Entwicklung von Wellness nachhaltig beeinflussen. Zu diesen zählen die Themen Individualisierung, Frauen, demographische Veränderung, work-life-balance und der sechste Kondratieff, welche im nun folgenden Abschnitt erläutert werden.

4.3.1 Individualisierung

Die Menschheit wendet sich von der Industriegesellschaft mit ihren bestehenden Werten und lebenslangen Bindungen wie Institution, Klasse, Schicht und Religion ab.[27] Gleichermaßen wird die Persönlichkeitsentwicklung der Menschen durch das Vordringen einer Kultur der Massenmedien stark beeinflusst. Menschen stehen in ständigem Kompetenzwettbewerb nach sozialem Ansehen und Erfolg.[28]

---

[23] vgl. Horx (2005), S. 22f
[24] vgl. Krißmer (2007), o.S.
[25] vgl. ebd.
[26] vgl. Rulle (2004), S. 226
[27] vgl. Romeiß-Stracke (2002), S. 24; Horx-Strathern (2001), S. 10
[28] vgl. Neuhaus (2005), S. 31

Im Zentrum der Alltagsethik steht die lernende Gesellschaft.[29] Der Mensch muss sich permanent weiterentwickeln, neue Optionen ausprobieren und seine eigene Identität finden, die Lebensaufgabe in der post-industriellen Gesellschaft.[30] ROMEIß-STRACKE spricht von der ICH-AG, dem Lebensunternehmen Mensch, dessen Ziel die Freiwerdung von Zwängen und Institutionen ist.[31] Ergänzend dazu bedeutet Individualisierung auch Optimierung der Möglichkeiten.[32]

Jedoch nicht alle Menschen können mit den sich eröffnenden Gestaltungsfreiheiten umgehen. Sie sind mit der Dynamik und Komplexität des modernen Lebens überfordert und leben mit dem permanenten Risiko falsche Optionen gewählt zu haben. Das daraus resultierende Massenphänomen der körperlich seelischen Störungen ist oft ein erstes Anzeichen für Krankheiten.[33] In diesem Zusammenhang bietet Wellness die Möglichkeit, den Balancezustand gegen die steigernden Widersprüche des mobilen und schnellen Lebens zu halten.

4.3.2 Frauen

Im Zuge der Individualisierung ist in ähnlicher Weise eine Veränderung der Rolle der Frauen in der Gesellschaft festzustellen. Bedingt durch das steigende Bildungsniveau der Frauen in den OECD Staaten, treten die traditionellen Rollenbilder der industriellen Kleinfamilien in den Hintergrund. Durch höhere Beteiligung in der Erwerbswelt nimmt auch der Einfluss auf Konsumentscheidungen massiv zu.[34]

Ergänzend dazu können Frauen auf Grund ihrer psychophysischen Konstitution bewusster mit Emotionen und Körperlichkeit umgehen. Die Gesundheitsvorsorge, soziokulturell und genetisch bedingt, liegt meist in der Hand der Frauen.

---

[29] vgl. Horx-Strathern (2001), S. 10
[30] vgl. Romeiß-Stracke (2002), S. 24
[31] vgl. ebd.
[32] vgl. Horx-Strathern (2001), S. 9
[33] vgl. Romeiß-Stracke (2002), S. 24
[34] vgl. Romeiß-Stracke (2002), S. 25; Horx-Strathern (2001), S. 14f

Themen wie Harmonie, Ausgleich und Entspannung spielen eine wichtige Rolle und somit stellen Frauen eine Hauptzielgruppe des Wellness dar.[35]

FAITH POPCORN, die amerikanische Trendforscherin, bezeichnet den erstarkten Einfluss der Frauen in vielen Lebensbereichen als „EveOlution."[36]

4.3.3 Demographische Veränderung der Gesellschaft

Ein weiterer Einflussfaktor für den Wellnesstrend ist die demographische Veränderung der Gesellschaft. Die steigende Lebenserwartung sowie die zurückgehende Geburtenrate werden als Ursachen genannt. Demnach wird im Jahre 2020 in den OECD Ländern, jeder Dritte über 60 Jahre alt sein. Die Lebenserwartung wird weiterhin ansteigen und im Jahr 2020 bei durchschnittlich 82 Jahren liegen.[37]

Im Zuge des Alterns verändern sich die Bedürfnisse und Konsumgewohnheiten der Menschen.[38] Im Mittelpunkt steht die bewusste Verlängerung der Lebensqualität und gesundheitliche Themen treten in den Vordergrund.[39] Mit dem Eintritt ins Pensionsalter erleben alte Menschen eine neue Art der Selbstverwirklichung. Ebenso gewinnt hedonistisches Verhalten, wie das Leben zu genießen und sich etwas zu gönnen, an Bedeutung.[40] Die Senioren sind anspruchsvolle Reisende geworden und verfügen über das nötige Geld um Wellnessangebote in Anspruch zu nehmen.[41]

4.3.4 Work-life-balance

Die Arbeitswelt hat einen Wandel durchlebt und damit eine Veränderung des Arbeitsalltages herbeigeführt. Arbeit wird nicht mehr nur entlang von Produktionsstrassen, sondern viel mehr in projektbezogenen Teams verrichtet. Immer mehr Menschen arbeiten

---

[35] vgl. Romeiß-Stracke (2002), S. 25; Horx-Strathern (2001), S. 14f
[36] vgl. Horx-Strathern (2001), S. 14
[37] vgl. Eberle (2004), S. 29; Romeiß-Stracke (2002), S. 25; Horx-Strathern (2001), S. 12
[38] vgl. Eberle (2004), S. 29
[39] vgl. Romeiß-Stracke (2002), S. 26; Horx-Strathern (2001), S. 13; Popcorn (1992), S. 76ff
[40] vgl. Eberle (2004), S.33; Horx-Strathern (2001), S. 13
[41] vgl. Romeiß-Stracke (2002), S. 26

temporär und in befristeten Verhältnissen. Die Loyalität der Unternehmen und Mitarbeiter zueinander sinkt. [42]

Die Stabilität von Familienpartnerschaften wird durch die Dynamik der heutigen Arbeitswelt ständig in Frage gestellt. Modelle in denen Liebes- und Ehepartner an verschiedenen Orten leben, nehmen zu. Im Gegensatz zur industriellen Arbeit, die monoton und wiederholend war, fordert die neue Arbeit den ganzen Menschen. Die arbeitenden Menschen sind hohen Belastungs- und Stressphasen ausgesetzt und die Grenzen zwischen Arbeit und Privatzeit verschwimmen. Die Rekreationsphasen werden genutzt um den notwendigen Ausgleich zu finden. In diesem Kontext wird Wellness nicht mehr als Selbstzweck und gesteigerte Selbstwahrnehmung gesehen, sondern als Teil eines Fitnessprozesses. [43]

4.3.5 Spiritualität

Ein fast vergessener Zusammenhang ist jener zwischen Religion und Gesundheit. Religionen bestehen nicht nur aus einer Ansammlung von Ritualen, Verboten und Geboten sondern auch aus dem Glauben in historisch gewachsenen Formen und Inhalten. Die Durchsetzung der Menschenrechte wäre ohne christlichen Glauben kaum möglich gewesen, denn dieser basiert auf der Überzeugung, dass alle Menschen vor Gott gleich sind und jeder dieselben Rechte hat. Viele Lebensweisheiten aus dem Christentum und Judentum sind fester Bestandteil in der westlichen Kultur. Der christliche Glaube unterstützt die Kraft des Zusammenwirkens von Körper, Geist und Seele, sowie von Individuum und Gemeinschaft. Konsequent gläubige Menschen sind gesünder als Atheisten. [44]

---

[42] vgl. Horx-Strathern (2001), S. 18; Popcorn (1992), S. 68ff
[43] vgl. Horx-Strathern (2001), S. 19
[44] vgl. Nefiodow (2001), S. 123

Trotzdem ist eine Abkehr der Menschen von den Amtskirchen in den letzten Jahren bemerkbar. Menschen brauchen den Glauben und seelischen Halt, weil dieser wiederum ein Bestandteil der psychosozialen Gesundheit ist. Die Trendforschung spricht von der neuen Spiritualisierung, wobei Menschen sich vermehrt fernöstlichen Glaubenssystemen zuwenden (vgl. 4.6.1).[45]

In Bezug auf Wellness geht es vor allem um den Energiefluss und der harmonischen Ordnung der Dinge. Selbsterfahrungsrituale, wie Pilgern und Meditation, haben eine sichtbare Wirkung auf den Menschen und werden deshalb immer wichtiger.[46] Die zentrale Frage ist jene nach dem Sinn des Lebens.[47]

In ähnlicher Weise beschreibt MASLOW 1962 den Zusammenhang zwischen Spiritualität und Gesundheit:

> „Das Wenige, das ich bis dahin über mystische Erfahrungen gelesen hatte, brachte sie mit Religion in Verbindung, mit Visionen des Übernatürlichen [...] Aber die Menschen, die mir das erzählten oder über solche Erfahrungen schrieben, waren nicht krank. Es waren die gesündesten Menschen, die ich finden konnte".[48]

4.3.6 Der sechste Kondratieff

Der russische Wissenschaftler KONDRATIEFF (1882-1938) gilt als Begründer der Theorie der langen Wellen. Diese Theorie liefert eine verlässliche Grundlage für eine gesellschaftsorientierte langfristige Planung, welche in der Wirtschaft und Politik eine wichtige Rolle spielt. KONDRATIEFF hat nachgewiesen, dass die Wirtschaft durch 40-60jährige Zyklen-Wellen (vgl. Abbildung 3) bestimmt wird, die jeweils auf aktuellen Basisbedarfsfeldern und den sich daraufhin entwickelnden Basisinnovationen aufbauen.[49]

Der Auslauf des fünften Kondratieff „Informationstechnik" dürfte noch vor 2010 erreicht werden. Wie wird es danach weitergehen? Welche Innovationen kommen als Träger des nächsten Langzyklus in Frage? Als Basisinnovationen für den sechsten Kondratieff

---

[45] vgl. Eberle (2004), S. 39; Horx-Strathern (2001), S.17
[46] vgl. Eberle (2004), S. 39; Horx-Strathern (2001), S.17
[47] vgl. Reiter (2002), S. 182
[48] Maslow (1962), zitiert nach Nefiodow (2001), S. 156
[49] vgl. Nefiodow (2001), S. 92ff

werden fünf Kandidaten genannt. Diese sind Information, Umwelt, Biotechnologie, Optische Technologien (einschließlich Solartechnik) und Gesundheit.[50] In dieser Arbeit wird nur auf den Kandidaten Gesundheit eingegangen.

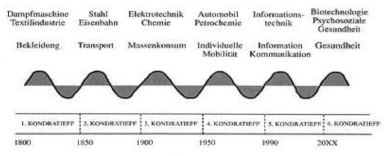

Abbildung 3: Der sechste Kondratieff [51]

NEFIODOW grenzt den Leitsektor des sechsten Kondratieff auf Gesundheit im ganzheitlichen Sinn – psychosoziale Gesundheit, ab. Ursachen sind einerseits in den fehlgeleiteten Ressourcen am Ende des fünften Zyklus, wie Angst, Mobbing, Aggressionen, Kriminalität, Scheidungen, Frust und den zunehmend seelischen Störungen, zu finden. Andererseits in den veraltet denkenden Gesundheitssystemen, welche nicht mehr finanzierbar sind. Der Mensch besinnt sich Zunehmens auf Eigenverantwortung und gleichermaßen wächst das Misstrauen gegenüber der Schulmedizin.[52]

NEFIODOW schlussfolgert, dass jene Branchen und Institutionen gute Wachstumschancen haben, die normalerweise nicht dem Gesundheitssektor angehören, aber eng damit verbunden sind. Dazu zählt insbesondere der Tourismus.[53]

---

[50] vgl. Nefiodow (2001), S. 92ff
[51] vgl. ebd. (2001), S. 133
[52] vgl. ebd. (2001), S. 137ff
[53] vgl. ebd. (2001), S. 125

2.6 Spa

Oftmals werden Wellness und Spa in einem Atemzug genannt. Um Missinterpretationen zu vermeiden, ist es der Autorin ein Anliegen zu Beginn der Arbeit den Begriff Spa näher zu definieren.

Zur Erklärung des Begriffes Spa sind verschiedene Ansätze zu finden. Einerseits setzt sich Spa aus den drei Initialen als Abkürzung für sanus per aquam (lat. = Gesundheit durch Wasser) zusammen. Deshalb beinhaltet der Begriff durchaus Referenzen zur antiken Bäderkultur.[54]

Andererseits ist Spa eine Stadt in Belgien, welche seit der Römerzeit eines der bekanntesten Heilbäder in Europa ist. In ähnlicher Weise kommt der Begriff Spa ursprünglich aus den USA und bezeichnet dort Einrichtungen, die Anwendungen aus dem Bereich europäischer Heilbäderbetriebe anbieten, da es kein vergleichbares Kur- und Bädersystem wie in Europa gibt. Vor ein paar Jahren schwappte der Begriff dann im Sinne eines Re-Imports in den deutschsprachigen Raum über. In dieser Arbeit werden somit die Begriffe Spa und Wellnessbereich gleichgesetzt.

Innerhalb der letzten 20 Jahre entstanden neue Arten von Spas. Die Branche erlebt einen Boom, wobei das Ende nicht absehbar ist. Im Folgenden werden die häufigsten Arten von Spas kurz erläutert.[55]

Club Spas stehen in der Regel nur den Mitgliedern des entsprechenden Freizeitclubs (Fitnesscenter) zur Verfügung.

Day Spas sind vorwiegend in Städten zu finden und bieten Wellnessangebote für einige Stunden, aber keine Übernachtungsmöglichkeiten.

Mineral Spring Spas sind standortgebunden, da die Heilquellen für die Anwendungen verwendet werden.

---

[54] vgl. Huber (2006) o.S.
[55] vgl. Becker/Brittner (2003), S. 82f; ISPA (2006), o.S.

Medical Spas bieten eine Verbindung von traditionellen Wellnessangebote sowie medizinischen Anwendungen, wobei ein Arzt vor Ort ist.

Resort/Hotel Spas sind Wellnessanlagen innerhalb eines Hotels/Resorts. Die Angebote richten sicht meist an die Hotelgäste, in manchen Fällen ist es auch als Day Spa offen.

Ergänzend dazu gibt es Related Spa (dental and nail Spa), Cruise ship Spa, Natural Bathing Spa, Destination Spas und Climatic Spa.

2.7 Exkurs: Die Rolle des Körpers

Körperkult und Körpererlebnisse sind seit Jahren ein geläufiges Thema und aus der westlichen, postmodernen Gesellschaft kaum wegzudenken.[56] Nach Phasen der Körperabwertung und Körperdistanzierung, welche häufig christliche Züge aufweisen, ist ein Trend in Richtung Körperzentrierung festzustellen. Das Körper-Ich gilt als entscheidender Faktor der Identitätsbildung und der Körper gewinnt an Zuwendung und Wertschätzung.[57] MATTHIAS HORX spricht hierzu von der narzisstischen Innenwendung.[58]

Einerseits ist der Körper ein Fixpunkt bei der Orientierungssuche der postmodernen Gesellschaft und vermittelt Stabilität und Ruhe. Andererseits, bedingt durch die Omnipräsenz von hochästhetischen Körperbildern und nackten Schönheiten in den Medien, entsteht ein sozialer Druck, den eigenen Körper in Form zu halten. Wie sich zeigt nehmen Verschönerungsmethoden zur Konservierung und Wiederherstellung jugendlicher Schönheit rapide zu. In Europa zeigt sich eine Tendenz, wobei die Patientinnen immer jünger werden und Männer keine Ausnahme mehr darstellen.[59]

---

[56] vgl. Bachleitner/Penz (2004), S. 151; Wang (2003), S. 127
[57] vgl. Bachleitner/Penz (2004), S. 151ff
[58] vgl. Horx-Strathern (2001), S. 11
[59] vgl. Bachleitner/Penz (2004), S. 155

Ebenso wird die Attraktivität eines Menschen zu einem wichtigen beruflichen Kriterium. Der Soziologe BOURDIEU veranschaulicht in diesem Zusammenhang, dass jener Teil der Bevölkerung die größten Schönheitsanstrengungen unternimmt, der sich davon mehr Möglichkeiten im Berufsleben verspricht. Hierzu zählt vorwiegend die Gruppe der Frauen.[60]

Im Gegensatz dazu stehen skeptische Äußerungen zum Thema Erwartungshaltung rund um den Körper. KEUP und KOLB stellen zur Diskussion ob der Körper ein Fundament für die Schaffung von persönlicher Identität sein kann, wenn dieser in Zusammenhang mit

gesellschaftlichen Normen steht. Weiters ist zu hinterfragen, ob die körperbezogene Sinnsuche, sei es im Erlebnissport oder in fernöstlichen Bewegungsformen, nicht unrealistisch ist. Schlussfolgernd kann gesagt werden, dass nur persönliche Veränderungen und sinnvolle Gestaltungen des Lebens zu einer Identitätsgewinnung beitragen können.[61]

4.3.7 Körper und Tourismus

Der Körper ist Thema nicht nur biologischer, sondern auch kulturwissenschaftlicher und soziologischer Forschung. Weil das sozial- und kulturwissenschaftliche Interesse am Tourismus wächst, liegt die Frage nach der Beziehung zwischen Körper und Tourismus nahe. In diesem Zusammenhang ist meistens vom soziologischen Körper die Rede. Der soziale Körper ist in sozialen Bereichen eingebettet und unterliegt unterschiedlichen Regeln. Dieser definierte Raum kann in Anlehnung an BORDIEU, Körperfeld genannt werden. Demnach sind vier Typen des sozialen Körperfeldes zu unterscheiden, nämlich das sozialisierte Körperfeld, das kommunikative Körperfeld, das narzisstische Körperfeld und das permissive Körperfeld. Wie in Abbildung 4 dargestellt erfolgt die Zuordnung entsprechend der vier Regeltypen: Zwangsregeln, Erlaubnisregeln, fremdbezogene Regeln und selbstbezogene Regeln. Diese vier Begriffe sind nicht im absoluten Sinne zu sehen, sondern überlappen sich in Wirklichkeit.[62]

---

[60] vgl. Bordieu (1999), S. 328f
[61] vgl. Bachleitner/Penz (2004), S. 153f
[62] vgl. Wang (2003), S. 127ff

	Zwangsregeln	Erlaubnisregeln
Fremdbezogene Regeln	Sozialisiertes Feld	Kommunikatives Feld
Selbstbezogene Regeln	Narzisstisches Feld	Permissives Feld

Abbildung 4: Die vier Felder des soziologischen Körpers[63]

Touristische Räume finden sich im permissiven Feld. Der Körper folgt alternativen Regeln, welche sich von der alltäglichen Routine unterscheiden. Der Tourist ist hier in hohem

Maße frei und lebt zwangloser als in der gewohnten Umgebung. Deshalb kommt es zu spontanen Interaktionen mit fremden Menschen am Urlaubsort.[64]

Das touristische Körperfeld liegt jedoch am Rande, an der Peripherie. Denn in der modernen Zivilisation steht der Körper unter ständiger Kontrolle. Aber im touristischen Körperfeld kann der Mensch sich aus den rationalen Zwängen befreien und seinem biologischen Rhythmus folgen. In anderen Worten ist das eine Art der Rückkehr zum natürlichen Körper um diesen zu begreifen. Hierbei handelt es sich meist um die Sehnsucht nach Verlorenem, Unschuld und Authentizität. Wie sich zeigt ist den eigenen Körper mit seiner Vielfalt zu verstehen eine der zentralen Fragen, mit der sich Individuen in der Postmoderne auseinander zusetzen haben.[65]

---

[63] Eigene Darstellung in Anlehnung an Wang (2003), S. 130
[64] vgl. Wang (2003), S. 131f; Henning (1997), S. 49ff
[65] vgl. ebd.

2.8 Zusammenfassung

Der Begriff Wellness wurde erstmals 1961 in den USA erwähnt und setzt sich im weitesten Sinne aus den beiden Wörtern wellbeing und fitness zusammen. Es ist die Aufgabe jedes einzelnen, seinen Gesundheitszustand aktiv zu verbessern. Selbstverantwortung, körperliche Fitness, gesunde Ernährung, Entspannung, geistige Aktivität sowie Umweltsensibilität sind die Kernelemente des Wellness.

Wellness ist eine Lebensphilosophie deren Ziel ein ganzheitliches Wohlbefinden ist. Dies wird durch den Einklang von Körper, Geist und Seele erreicht. Dennoch empfindet jeder Mensch Wohlbefinden anders, da es von äußeren Faktoren beeinflusst wird und von der physischen und psychischen Verfassung abhängig ist.

Zur Erstellung ganzheitlicher Wellnesskonzepte muss ganzheitlich gedacht und gehandelt werden. Die Elemente dieser Denkweise sind das System als Ganzes zusehen und dessen Wechselbeziehung zur Umwelt zu beachten. Vernetztheit, Komplexität, Ordnung, Lenkung und Entwicklung stellen die wesentlichen Bausteine dar.

Die Motive und Ursachen der Wellnessbewegung sind sowohl auf die Neuorientierung des Kurwesens, als auch auf gesellschaftliche Veränderungen, wie z.B. das Altern, die zunehmende Individualisierung und Spiritualisierung, zurückzuführen.

Abschließend lässt sich feststellen, dass auf dem Markt neue Wörter wie Selfness und Outdoor-Wellness aufgekommen sind. Sie beziehen sich auf die Rückbesinnung des Menschen zu sich selbst, sowie zu seinem Ursprung, der Natur.

3 ARCHITEKTUR

Der Kernpunkt der Arbeit liegt in der Erläuterung des Zusammenhangs von Architektur und Wellnessphilosophie. Aus diesem Grund werden im folgenden Kapitel die Begriffe Architektur und Design näher definiert und miteinander in Bezug gesetzt. Anschließend wird auf die Tourismusarchitektur, hier im speziellen auf die Architekturgeschichte des Bades, eingegangen. Der letzte Teil des Kapitels widmet sich der Thematik Architektur in Wellnessanlagen und deren Baustilen. Zum Abschluss wird das Projekt „deep.in", eine innovative Neuheit am Wellnessmarkt, vorgestellt.

3.1 Definitionsversuch

Aus einer Oe1 Radiosendung vom Oktober 2006: Während der letzten Jahre haben die Bemühungen um Architekturvermittlung stark zugenommen. Exkursionen, Diskussionen und Vorträge sollen der interessierten Öffentlichkeit zeitgenössische, qualitativ hochwertige Architektur aus Sicht von Fachleuten näher bringen. Aber ist gute Architektur vermittelbar? Kann man gute Architektur definieren?[66]

Eine begrenzte Begriffsbestimmung und traditionelle Definition der Architektur und ihrer Mittel hat heute weitgehend an Gültigkeit verloren. HANS HOLLEIN, österreichischer Architekt geboren 1934 in Wien, erklärt Architektur im Jahr 1958 wie folgt:

> „Architektur ist notwendigerweise weder ein schützendes Gehäuse noch ein Monument, aber eine der Grundvoraussetzungen ist, dass [!] sie gebaut ist oder heraus gegraben, oder geformt mit irgendwelchen anderen Mitteln des Bauens. Eine Höhle ist nicht Architektur, noch ist es ein Baum. Jedoch ein Stahlprofil, in die Mitte der Wüste gerammt, ist es. Architektur ist das Schaffen von Raum von Menschen für Menschen".[67]

Bereits 1967 wird diese Definition erweitert, da Bauen durch viele Bereichen von außerhalb beeinflusst wird. Architektur wird zum Kommunikationsmedium und ist mehr, als Bauwerk und Material. Die Herausforderung besteht darin, eine Raumqualität zu schaffen, welche auf die psychologischen und physiologischen Bedürfnisse der Menschen eingeht.

---

[66] vgl. oe1 ORF (2006) o.S.
[67] Hollein(2007), o.S.

Dies kann durch den Einsatz von haptischen, optischen und akustischen Mitteln erreicht werden, was in weiterer Folge als Innendesign zu verstehen ist.[68]

Somit kann Architektur, im weitesten Sinne, als Auseinandersetzung des Menschen mit der gebauten Umwelt gesehen werden. Zentrale Inhalte sind Entwurf und Gestaltung von Bauwerken.[69] Gute Architektur inszeniert jeglichen Raum, ob Wohnung, Büro, Platz, Hotelzimmer oder Wellnessbereich, wenn Form und Funktion in einen harmonischen und ästhetischen Einklang gebracht werden.[70] Wie der Grazer Architekt HANS GANGOLY formuliert: „ist gute Architektur immer Auseinandersetzung mit dem Thema, mit der Umgebung und mit der Aufgabe."[71]

Architektur in ihrer unterschiedlichen Ausprägungsformen, verdankt ihre Entstehung den vorhandenen technischen und künstlerischen Ressourcen der jeweiligen Kulturperiode und des Zeitgeistes. Öffentliche Architektur wird meist als Kulturgut definiert und soll als solches erhalten und geschützt werden.[72]

Dennoch bleibt eine auffallende Kluft in der Wahrnehmung zeitgenössischer Architektur. Was Kritiker und Professionisten begeistert, ist für Laien unverständlich und umgekehrt verstehen Experten nicht, was der breiten Öffentlichkeit gefällt. Die Diskrepanz liegt in dem unterschiedlichen Blickwinkel, denn der Architekt nimmt das Gebäude als Resultat eines Entwurfsvorganges wahr und sieht daher mehr als ein Laie.[73] Dessen ungeachtet sind Geschmack und Schönheit subjektiv und kaum objektivierbar.[74]

---

[68] vgl. Hollein (2007), o.S.
[69] vgl. Schneider (2005), S. 478ff
[70] vgl. Romeiß-Stracke (1998), S. 141f
[71] vgl. Wejwar (2007), o.S.
[72] vgl. Weiermair/Fuchs (2002/2003), S. 287
[73] vgl. oe1 ORF(2006), o.S.
[74] vgl. Romeiß-Stracke (1998), S. 141

3.2 Architektur versus Design

„Architektur und Design – zwei Wörter, eine Bedeutung? Ist Design etwa nur ein oft verwendetes Synonym für Architektur? Ist Design die Sprache und Architektur der Inhalt? Oder ist das Verhältnis beider Begriffe enger zu fassen, etwa im Sinne von: Architektur

impliziert auch Design?"[75] Der freier Architekt und Architekturjournalist, FRANK DREWES, ist diesen Fragen nachgegangen und versucht eine Antwort zu geben.

Einerseits, heißt „to design" im Englischen schlicht entwerfen. Andererseits, kann der Begriff Design, im deutschen Gebrauch am ehesten als Formgebung und Entwurf übersetzt werden. Demnach wäre der Architekt in beiden Fällen als Designer zu sehen, da entwerfen zu einer seiner Hauptaufgaben zählt.

Im Laufe der Jahre hat sich die Begrifflichkeit stark gewandelt. Ähnlich wie in der Konsumgüterbranche hat sich eine gewisse Markenbildung in der Architektur etabliert. So sind vermehrt Produkte in Verbindung mit Personennamen am Markt zu finden, wie z.B. die Foster-Wanne oder die Hadid-Vase. Diese Stararchitekten schaffen sich ihren Namen genau dadurch, dass sie in Mode sind oder im besten Fall sogar Mode definieren. Jedoch genau hier liegt der Unterschied zwischen Architektur und Design. Architektonische Bauwerke sollten eine sehr viel höhere Halbwertzeit haben als Konsumgüter, welche oftmals einem kurzlebigen Trend unterliegen.

DREWES vertritt die Auffassung, dass sich Architekten wieder zurückbesinnen müssen auf das Design von Lebensräumen und Einbauten, wie Möbeln, die aus funktionalen und objektspezifischen Erfordernissen heraus entstehen, anstatt sich von Trends und Moden leiten zu lassen.

---

[75] vgl. Drewes (2007), o.S.

Schlussendlich wird jedes Produkt und jedes Gebäude designt, aber nur die wenigsten erfolgreich und überzeugend. Deswegen sollte Design auch als fixer Bestandteil des Gesamtkunstwerkes gesehen werden und nicht als eine optionale Zutat zur Architektur. Nicht zuletzt gibt das Design dem Architekten die Möglichkeit, dem Projekt seine persönliche Note zu geben.

Zusammenfassend kann festgestellt werden, dass Architektur ohne Design, wie eine Hülle ohne Seele ist. Deshalb sind die Begriffe, Architektur und Design, nicht in Konkurrenz zu stellen, sondern vielmehr als Symbiose zu verstehen. Jedoch beweist der Minimalismus, dass Design nicht sein muss, sondern gerade die vermeintliche Abwesenheit, die höchste und reinste Form von Design darstellt.[76]

3.3 Tourismusarchitektur

Architektur gestaltet die Umwelt und beeinflusst die Lebensqualität der Menschen, während sich Tourismus durch die natürliche und gebaute Umwelt definiert. Infolgedessen betrifft Architektur jeden Menschen, egal ob er sich in seinem Wohnraum, im städtischen Raum oder als Tourist in Urlaubsdestinationen bewegt.[77] Demzufolge stellt Architektur einen nicht weg zu denkenden Aspekt im Tourismus dar, jedoch sind nur wenig empirische Forschungen vorhanden.[78]

Der österreichischer Architekt, Architekturkritiker und Schriftsteller , FRIEDRICH ACHLEITNER, stellt in einer Publikation vom Jahr 1997, die gegenwärtige Tourismusarchitektur zur Diskussion. Er vertritt die Auffassung, dass Kultur und Natur jene Komponenten sind, von denen der Tourismus lebt. Wenn jedoch versucht wird, die Kultur ausschließlich zu konservieren führt dies zu einer Stagnation. Geschichte kann nur dann erhalten werden, wenn eine lebendige Fortentwicklung stattfindet. In anderen Worten, muss sich auch die Tourismusarchitektur weiterentwickeln und darf nicht die gegenwärtige Architektur eines Landes ignorieren. Denn sonst wird sie nach einigen Generationen als Wegwerfgut übrig bleiben.

---

[76] vgl. Drewes (2007), o.S.
[77] vgl. Schneider (2005), S. 479
[78] vgl. Grötsch (2006), S. 278; Weiermair/Fuchs (2002), S. 288; Romeiß-Stracke (1998), S. 136

An dieser Stelle können als Beispiel viele prominente Tourismusorte genannt werden, wo in der „toten" Saison die Hotels ein trostloses Bild darstellen. Schlussfolgernd sollte Tourismusarchitektur nicht kulturellen Lebensraum vernichten, sondern im Gegenteil angenehme Räume für beiderseits, Bewohner und Gäste, schaffen.[79]

FELICITAS ROMEIß-STRACKE, deutsche Diplom-Soziologin und Stadtplanerin, schreibt 1998 davon, dass Tourismus und Architektur ein mit Vorurteilen besetztes und konfliktreiches, aber für die Zukunft notwendiges Thema ist. Sie meint, dass die größte Aufgabe für Architekten die Sanierung von Tourismusorten und Regionen in Mitteleuropa sein wird, um im internationalen Wettbewerb mithalten zu können. Das Ziel ist eine tragfähige Baukultur für den zukunftsträchtigen Wirtschafts- und Lebensbereich Tourismus zu entwickeln.[80]

Im Jahr 2002 wurden erste empirische Ergebnisse zum Stellenwert von Design und Architektur im alpinen Tourismus basierend auf Touristenbefragungen in Tiroler Tourismusorten von WEIERMAIR/FUCHS publiziert. Die Autoren der Studie schlussfolgern, dass über den Stellenwert von Architektur im Tourismus nur dann konstruktiv diskutiert werden kann, wenn touristische Aktivitätsbereiche gesondert berücksichtigt werden. Des Weiteren kann innovative Architektur, im Gegensatz zu autochthoner (alteingesessener), rascher akzeptiert werden, wenn Raumprobleme gleichermaßen für Touristen und Nicht-Touristen gelöst und somit die jeweiligen Bedürfnisse befriedigt werden.[81]
Im April 2007 wird die Studie „Architektur macht Gäste" von pla'tou – Plattform für Architektur im Tourismus, publiziert. Hierbei wurde erstmalig der Zusammenhang von Architektur und Wirtschaftlichkeit im Tourismus untersucht.[82]

Für die Zukunft sollten Design und Architektur als Instrumente der Innovation im Tourismus eingesetzt werden. Qualitativ hochwertige, zeitgenössische Architektur zeugt von Nachhaltigkeit und Identität und kann zukunftsichernd für den österreichischen Tourismus sein.[83]

---

[79] vgl. Achleitner (1997), S. 126
[80] vgl. Romeiß-Stracke (1998), S. 143f
[81] vgl. Weiemair/Fuchs (2002/2003), S. 288ff
[82] vgl. pla'tou (2007), o.S.
[83] vgl. arge creativwirtschaft austria (2006), S. 39

3.4 Architekturgeschichte des Bades

Da die Entstehungsgeschichte von Wellnessanlagen unweigerlich mit der Bäderkultur der Antike verbunden ist, will die Verfasserin dieser Arbeit einen Abschnitt der Architekturgeschichte des Bades widmen.

Die Architekturgeschichte des Bades ist auf untrennbare Weise mit den Badeanlagen der römischen Antike, den Thermen der Kaiser Caracalla und Domitian in Rom verbunden. Bis heute sind keine größeren Anlagen errichtet worden. Das Thema Wasser steht damals wie heute im Mittelpunkt der Bauten, hingegen durchlebten die Motive zur Errichtung von Badeanstalten über die Jahre einen Wandel.[84]

Im alten Rom waren die Bäder für alle Schichten öffentlich zugänglich und galten der Reinigung und Heilung, jedoch spielte auch die gesellige Unterhaltung eine große Rolle. Das typische römische Bad bestand aus drei zentralen Baderäumen: dem Frigidarium (Kaltbad), Tepidarium (Warmbad) und Caldarium (Heißbad). Große Badeanlagen verfügten über weitere Räume wie Sport- und Spielhallen, Geschäfte und Lokale. Der Untergang des römischen Reiches führte zum Niedergang der Balneologie, jedoch galten die antiken Thermen lange als Vorbild für Badeanstalten.[85]

Im Barock standen die fürstlichen Badegemächer mehr für Repräsentation als Funktion. Auf Grund von Krankheiten und Seuchen wurde der öffentliche Badebetrieb vielerorts eingestellt. Zu dieser Zeit fungierten die Baderäume neben der Sauberkeit und Kosmetik auch als Lustorte für Erotik und Sexualität. Die prunkvollen Bäder standen immer in Zusammenhang mit der Frau, oftmals waren sie einer Fürstin zugeordnet.[86]

Im 18. und 19. Jahrhundert erlebten die europäischen Heilbäder eine Renaissance.[87] Die Kurorte entwickelten sich zu Treffpunkten der Aristokratie und eine planmäßige Infrastruktur aus Unterkünften und Unterhaltungsmöglichkeiten entstand.[88]

---

[84] vgl. Grötz/Quecke (2006), S. 13ff
[85] vgl. Grötz/Quecke (2006), S. 13ff
[86] vgl. ebd., S. 51ff
[87] vgl. Becker/Brittner (2003), S. 84ff
[88] vgl. Rulle (2004), S. 225

Zentrale Bauten waren ein Kurhaus, ein Badehaus, ein Konversationshaus, ein Logierhaus und ein Brunnentempel von der römischen Thermenarchitektur inspiriert. Neben der Badekur wurden zu dieser Zeit auch Trinkkuren beliebt. Zu den bekannten Kurorten zählen, Aachen, Baden-Baden, Karlsbad, Vichy und Abano Therme. Damals entstanden auch die ersten Seebäder in England, wie Bath, Brighton und Hastings, wo die heilsame Wirkung von Meereswasser eingesetzt wurde.[89]

Im Zuge der Industrialisierung sind die ersten Volks- und Arbeiterbäder aufgekommen. Sie wurden zur allgemeinen Volkshygiene eingesetzt. Diese waren vorwiegend Brause- und Wannenbäder, welche teilweise öffentlich zugänglich, aber oft auch nur von Werksangehörigen einer Fabrik genutzt werden konnten.[90] Die Volks- und Arbeiterbäder fanden ihren Rückgang, als die ersten privaten Bäder entstanden, meist nur mit einem Waschbecken ausgestattet. Der Großteil der Bevölkerung musste jedoch bis ins 20. Jahrhundert hinein ohne Badewanne oder Dusche auskommen.

Je nach Aufgabe war die Architektur gefordert, Repräsentation oder Funktion zu erfüllen. Der gemeinsame Nenner in allen Bauten ist das Element Wasser, welches dem Menschen zugänglich gemacht wird.[91]

3.5 Architektur in Wellnessanlagen

Die Architektur als gebaute Umwelt ist der materielle Träger für das immaterielle Angebot Wellness. Die Wellnessarchitektur hat zwei Aufgaben zu erfüllen. Erstens, den Gast in eine andere, faszinierende und beeindruckende Welt zu versetzten, fern der Belastungen des Alltags. Zweitens, durch Material, Temperatur, Form und Farbe eine Umgebung zu schaffen, die Wärme und Geborgenheit ausstrahlt (vgl. 4.5).[92]

---

[89] vgl. Görtz/Quecke (2006), S. 81ff
[90] vgl. Görtz/Quecke (2006), S. 159ff
[91] vgl. Grötz/Quecke (2006), S. 28
[92] vgl. Frenzel (2005), o.S.

Die Nachfrage nach authentischen Angeboten in entspannter Atmosphäre steht ganz oben auf der Wunschliste des Wellnessnutzers. Räume haben zur Aufgabe Atmosphären zu schaffen, welche das Befinden eines Menschen beeinflussen. Die entscheidenden Faktoren sind hierbei das physische Wohlbefinden im Raum, die leichte Orientierung, die möglichen Gelegenheiten der Begegnung und gegenseitigem Beobachten sowie die notwendigen Rückzugsmöglichkeiten. Die Herausforderung für Wellnessplaner liegt in der Schaffung von Erlebniswelten, die eine ganzheitliche Geborgenheit vermitteln und dem Wellnessgast zu Wohlbefinden verhelfen.[93]

4.3.8 Die unterschiedlichen Baustile

Wie bereits im Definitionsversuch erwähnt dient Architektur zur Kommunikation und verfügt, neben dem Gebrauchswert, auch über eine symbolische Bedeutung. Diese ist individuell und von Kulturkreis zu Kulturkreis verschieden. Im Laufe der Jahre wurden die unterschiedlichsten Baustile in Wellnessanlagen eingesetzt. Der Gast wird oftmals in fremdartige Kulturen und frühere Zeiten versetzt. Heutzutage ist eine bunte Auswahl zu finden und die Autorin versucht, mit einer einfachen Einteilung und an Hand von Bildern einen Überblick zu geben.[94]

3.5.1.1   Klassischer Stil

Der klassische Stil, dargestellt in Abbildung 5, ist auf Badeanlagen aus der römischen und griechischen Antike zurückzuführen. Solch eine Art von Wellnessanlagen sind in den 90iger Jahre entstanden, als der Wellnesswettlauf nach dem Motto „Wer bietet mehr" stattfand. Diese überladenen, prunkvollen Spas, die vor zehn Jahren noch Stand der Dinge waren, sind heute nicht mehr gefragt. Jedoch noch oft zu finden.[95]

---

[93] vgl. Romeiß-Stracke (1998), S. 142
[94] vgl. Frenzel (2005), o.S.
[95] vgl. Schletterer (2006), S. 147f; Ritter (2005c), S. 217ff

Abbildung 5: Wellnessanlagen im klassischen Stil[96]

3.5.1.2   Orientalischer Stil

Zur selben Zeit wie die römischen Anlagen wurden, in ähnlicher Weise, Spas im orientalischen Stil gebaut. Bekräftigt durch die Entwicklung neuer Wandflächenheizungen wurden Kabinen mit Fliesen und maurischen Ornamenten ausgestattet. Wie in Abbildung 6 abgebildet, wird dieser Baustil oft für Hamams, ein Dampfbad aus dem arabischen Kulturkreis, verwendet.[97]

Abbildung 6: Wellnessanlagen im orientalischen Stil[98]

---

[96] vgl. Alpenrose Sporthotel Wellnessresidenz (2007)
[97] vgl. Schletterer (2006), S. 147f; Ritter (2005c), S. 217ff
[98] vgl. links: vgl. Hamam Baden (2007); rechts: vgl. Hotel Astoria (2007)

3.5.1.3 Asiatischer Stil

In den letzten Jahren wird in Wellnessanlagen oftmals eine Thematisierung vorgenommen. Der Trend geht zu schlichten, japanischen Design[99] wie in Abbildung 7, mit Bildern vom Hotel Madlein in Ischgl, dargestellt wird. Das rechte Bild zeigt einen japanischen Zen Garten und links ist der Feuerraum, der als meditative Ruhezone genutzt wird, abgebildet.

Abbildung 7: Wellnessanlagen im asiatischen Stil[100]

3.5.1.4 Minimalistischer Stil

Derzeit ist eine Tendenz zu Reduziertheit, zu einem puristischen Stil, festzustellen. Eine mögliche Begründung ist, dass zu viele Gegenstände den Menschen belasten und ihn von der Konzentration aufs „Ich", ablenken. Jedoch dürfen die Anlagen nicht ins sterile Klinikambiente verfallen, sondern müssen dem Wellnessgast eine warme, entspannte Atmosphäre bieten.[101] Ein gutes Beispiel ist hier das Balance Hotel Mavida in Zell am See, untenstehend abgebildet.

---

[99] vgl. Joehnk (2002), S. 154ff
[100] vgl. Hotel Madlein (2007)
[101] vgl. Ritter (2005c), S. 217ff; Joehnk (2002), S. 154ff

Abbildung 8: Wellnessanlagen im minimalistischen Stil[102]

3.5.1.5 Naturnaher Stil

Neben dem Trend zu weniger ist mehr, werden auch verstärkt Naturmaterialien eingesetzt. Der Hintergrund liegt in der Einbeziehung des Umfeldes, der Natur, das Authentizität schafft. Es werden qualitativ hochwertige Hölzer und Natursteine verwendet. Natürliche Materialien werden vom Menschen als lebendig und beruhigend empfunden.[103] Das rechte Bild, in Abbildung 9, zeigt einen Ruheraum mit viel Holz im Hotel Post in Bezau und das linke Bild stellt eine Kärntner Block Sauna aus Naturstein im Falkensteiner Hotel Carinzia in Hermagor am Nassfeld, dar.

Abbildung 9: Wellnessanlagen im naturnahen Stil[104]

---

[102] vgl. Copyright Mavida Balance Hotel GmbH (2007)
[103] vgl. Ritter (2005c), S. 217ff; Joehnk (2002), S. 154ff
[104] vgl. links: Quelle: Falkensteiner Hotels & Resorts (2007); rechts: vgl. Hotel Post Bezau (2007)

3.6 Beispiel: Projekt deep.in

Das Architekturbüro Atelier Krißmer & Partner aus Tirol konzipierte ein völlig neues, innovatives Outdoor-Wellnesskonzept (vgl. 2.4) für Hotels, Camping- und Golfplätze. Die Idee ist, die Kräfte der Natur zu nutzen und ein naturnahes Wohnen zu ermöglichen, da der Gast immer mehr den Austausch mit der Natur erleben will. Das Produkt „deep.in" hat die Form eines runden Tanks und soll somit den inneren Rückzug für den Gast steigern. Die Anordnung der Wohn- und Wellnesstanks erfolgt nach geomanitscher Berücksichtigung. Die Achtung der Himmelsrichtungen und Zeitqualitäten verstärkt die harmonische Empfindung für den Benutzer. Die neuen Bauformen können auch mit Erde überschüttet werden um sich so unsichtbar in die Naturlandschaft einzubetten. Die untenstehende Abbildung zeigt das Produkt „pleasure cave". Diese Wellnesssuiten

können vom Gast für eine bestimmte Zeit gemietet werden und verfügen über Whirlpool oder Softpack-Badwanne, Sauna, Erlebnisdusche, Ruheliegen, Toilette und Anwendungsraum. Je nach Bedarf sind die Tanks in den verschiedensten Größen und Ausstattungen erhältlich. Neben dem Wellnesstank werden auch Wohn- Event-, Gastronomie- und Sanitärtanks angeboten.[105]

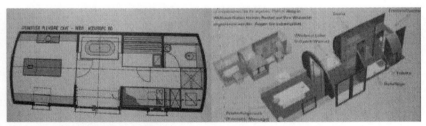

Abbildung 10: Wellnesstanks[106]

---

[105] vgl. deep.in (2007), o.S.
[106] vgl. ebd.

Die Vorteile liegen in der flexiblen Gestaltung der Wellnesseinrichtungen, der hohen Belastbarkeit, der schnellen Inbetriebnahme und des unvergleichlichen Alleinstellungsmerkmals. Der Prototyp einer Anlage hat in Modellform bereits für reges Interesse gesorgt. Derzeit werden das Konzept und die dazugehörigen Produkte in Workshops Interessierten und Tourismusbetreibenden vorgestellt.

Mehr Informationen zu diesem Projekt sind unter www.deep-in.at zu finden.

3.6 Zusammenfassung

Grundsätzlich ist keine eindeutige Definition von Architektur zu finden. Die zentralen Themen sind der Entwurf, das Bauen, das Gestalten und die Funktion von Gebäuden. Architektur ist Auseinandersetzung des Menschen mit der gebauten Umwelt, schafft Räume mit Atmosphäre und dient als Kommunikationsmedium. In den letzten Jahren ist ein zunehmendes öffentliches Interesse an qualitativ hochwertiger Architektur festzustellen. Dennoch gehen die Meinungen der Kritiker und Professionisten auseinander. Die Begriffe Architektur und Design sind als gleichwertig zu sehen und nicht in Konkurrenz zu setzen. Jedoch spielt die Funktion eine wesentliche Rolle und sollte vor dem Design gehen.

Obwohl Architektur und Tourismus in einem engen Verhältnis zueinander stehen, ist erst in den letzten Jahren eine Diskussion entflammt. Empirische Untersuchungen zeigen, dass Architektur und Design einen wichtigen Aspekt im Tourismus darstellen. Ziel von guter Tourismusarchitektur ist, ein lebenswertes Umfeld für Bewohner und Gäste schaffen, unter Berücksichtigung der jeweiligen Bedürfnisse. Des Weiteren darf Tourismusarchitektur nicht die gegenwärtige Architektur eines Landes ignorieren, denn sonst läuft sie Gefahr, als Abfallprodukt über zu bleiben.

Architektur in Wellnessanlagen ist ein notwendiges Instrument um Geist und Seele anzusprechen. Hierbei geht es um die Schaffung von Erlebniswelten, die Geborgenheit und Wohlbefinden vermitteln und dem Wellnessgast zu Entspannung verhelfen. Über die Jahre ist eine Veränderung in den Stilen der Wellnessanlagen festzustellen. Von den prunkvollen, überladenen, römischen Spas in den 80iger Jahren, über orientalische Einflüsse, geht es zu thematisierten, puristischen und naturnahen Spas, welche als status quo der heutigen Wellnessarchitektur zu verstehen sind.

Mit diesem Kapitel ist ein Überblick über den Themenkreis Architektur, Tourismusarchitektur und Wellnessarchitektur gegeben. Im nun Folgenden wird die Konzeptionsplanung einer Wellnessanlage näher erläutert, mit Schwerpunkt auf das Raum- und Funktionsprogramm und dem Innendesign. Darüber hinaus wird auf energetisches Bauen in Wellnessanlagen eingegangen um dem ganzheitlichen Ansatz der Wellnessphilosophie auch in der Architektur gerecht zu werden.

4 KONZEPTIONSPLANUNG EINER WELLNESSANLAGE

In Bezug auf Wellnessanlagen kann am österreichischen Hotelmarkt eine gravierende Veränderung festgestellt werden. Die Konkurrenz steigt rasant und ein Verdrängungswettbewerb findet statt. Gleichermaßen hat die Erhöhung der Anzahl von Wellnesshotels einen Wandel von einem Verkäufermarkt zu einem Käufermarkt herbeigeführt. Die Wahlmöglichkeiten für den Kunden haben sich durch ein breiteres Angebotsspektrum vergrößert[107] und Innovation und Spezialisierung sind notwendig um in Zukunft erfolgreich zu sein.[108] Wer als Hotelier noch vom Wellnesstrend profitieren will, muss strategisch planen und professionell umsetzen. Der entscheidende Punkt liegt in der Erstellung eines ganzheitlichen Konzeptes, welches in dem folgenden Kapitel näher erklärt wird.

In dieser Arbeit wird das Hauptaugenmerk auf die Raum- und Funktionsplanung, das Innendesign sowie das energetische Bauen von Wellnessanlagen gelegt. Jedoch ist zu Beginn ein Abschnitt der Konzeptidee und Positionierung gewidmet. Zum Schluss des Kapitels wird auf die Ökologie in Wellnessanlagen sowie internationale Trends in Hotelspas eingegangen. Das Qualitätsmanagement, das Personalmanagement sowie die Finanzierungs- und Vermarktungsstrategie, welche zum Gesamtkonzept gehören, werden nicht detaillierter beschrieben, da es den Umfang der Arbeit übersteigen würde.

4.1 Konzeptidee

Die Entwicklung eines Wellnesskonzeptes sollte immer individuell und ganzheitlich erfolgen, eine Vergleichbarkeit mit anderen Häusern ist selten gegeben.[109] Gute Konzepte weisen eine Einzigartigkeit und einen eigenständigen Charakter auf, um einen langfristigen und nachhaltigen Erfolg zu garantieren.[110] Dies kann z.B. durch die Aufarbeitung der Geschichte und der energetischen Aufladung des Hotels und in weiterer Folge dessen Kommunikation zum Gast, erreicht werden. Voraussetzung ist eine intensive

---

[107] vgl. Steinbach (2004), S. 47
[108] vgl. Pichler (2006), o.S.
[109] vgl. Krißmer (2004), S. 22f
[110] vgl. Ritter (2005b), S. 223

Auseinandersetzung mit der Situation basierend auf der bautechnischen Grundstücks- und Bausubstanzebene, der unternehmerischen Menschenebene und der kommunikativen Markenebene.[111]

Im Zuge der Konzepterstellung wird zwischen Hardware- und Softwareangeboten unterschieden. Unter der Hardware wird das bauliche, räumliche Angebot, wie die Architektur und das Innendesign verstanden (vgl. 4.5). Die Software ist die individuelle Betreuung und Dienstleistung durch speziell aus- und weitergebildete Mitarbeiter. Erfolgreiche Wellnesskonzepte müssen konsequent der Gesundheitsbildung und Förderung dienen und aus einem ausgeglichenen Mix aus Hard- und Software bestehen.[112]

Die angebotenen Anwendungen und Dienstleistungen im Wellnessbereich sollten grundsätzlich aus dem holistischen Ansatz entstehen. In anderen Worten ist das oberste Ziel, Körper, Geist und Seele in Einklang zu bringen (vgl. 2.1).[113] Das Berühren spielt hier eine wesentliche Rolle, denn Berührung verschafft dem Menschen Wohlbefinden. Mögliche Gründe hierfür sind der Stress des Alltags sowie die immer größer werdende Gruppe von Singles.[114]

Wie sich zeigt werden Produkte aus fremden Kulturen und Religionen importiert, um die benötigte Atmosphäre und Mittel zur Entspannung und Wohlbefinden bereitzustellen. Bedingt durch die globale Wanderung und die Anpassung an die Wünsche der Gäste, werden diese Produkte bis zur Unkenntlichkeit verfälscht. Oftmals werden unangenehme Behandlungen und Anwendungen weggelassen und nur einzelne Elemente herausgenommen. Besonders stark ist dies bei ayurvedischen Behandlungen festzustellen.[115] Dies hat oft eine Verwässerung der Wellnessprodukte zur Folge.[116]

---

[111] vgl. Krißmer (2004a), S. 22f
[112] vgl. Ritter (2005b), S. 223ff
[113] vgl. Marktl (2000), S. 93; Lanz Kaufmann (1999), S. 37
[114] vgl. Joehnk (2002), S. 156
[115] vgl. Krempel (2006), S. 28
[116] vgl. Reiter (2002), S. 180; Lanz Kaufmann (1999), S. 18

Umso mehr müssen Hoteliers versuchen ihre Produktpalette so authentisch wie möglich zu gestalten um sich von den Mitbewerbern abzuheben, frei nach dem Motto „vom

Gemischtwarenladen zum Spezialisten."[117] Wenn neue Behandlungstechniken angeboten werden, sollten diese gezielt mit traditionellen Elementen des Gastlandes bzw. der Region verbunden sein. Man spricht in diesem Zusammenhang von „signature treatments", welche als Unterschrift des Hauses zu verstehen sind (vgl. Sacher Spa – Sacher Chocolate Zeremonien).[118] Zeremonien sind mehrere Behandlungsschritte in einem Angebot zusammengefasst. Des Weiteren sollten die Behandlungen einer speziellen Dramaturgie und Inszenierung unterliegen um den Wellnessgast das ersehnte Wohlfühlerlebnis zu bieten. Aber auch hier gilt, weniger ist mehr.

4.2 Positionierung

Grundsätzlich richtet sich die Positionierung des Wellnessbereichs nach der strategischen Ausrichtung des Hotels.[119] Diese wiederum hängt von der Zielgruppe, der Nutzung, der Größe, dem Inhalt und Ambiente des Hauses ab. All diese Faktoren müssen in der Entwicklungsphase berücksichtigt werden, damit Fehlinvestitionen vermieden werden können (vgl. 4.3.1).

---

[117] vgl. Klein (2006), o.S
[118] vgl. Joehnk (2002), S. 154ff
[119] vgl. Ludgen (2002), S. 62

Wie in Abbildung 11 dargestellt, wird bei der Positionierung zwischen Wellness als USP (unique selling proposition = Alleinstellungsmerkmal) und Wellness als Zusatz unterschieden.

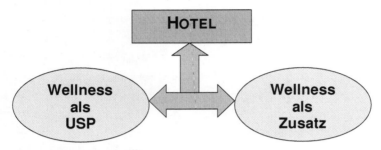

Abbildung 11 : Positionierung[120]

Das USP oder Alleinstellungsmerkmal im Wellnessbereich kann der einzigartige Standort, die Architektur, das Innendesign, die Philosophie des Hauses, die umliegende Naturlandschaft, die Qualität der angebotenen Dienstleistungen und/oder die Spezialisierung auf bestimmte Behandlungsmethoden sein.[121] Im besten Fall sollte es ein Bündel aus mehreren Faktoren und ein inhaltlich stimmiges und zielgruppenorientiertes Konzept sein.[122]

Wellness als Zusatz bieten all jene Hotels, deren Kernkompetenzen nicht in der Ausstattung und Angebotsvielfalt des Wellness liegen. Hierzu zählen z.B. Familien-, Business-, Sport-, Kinder- und Stadthotels. Bei dieser Positionierung stehen nicht die Angebote und das Design im Vordergrund, sondern im Gegensatz wird versucht, den Investitions- und Personalaufwand gering zu halten und vorhandene Bestandteile zu integrieren.[123]

[120] Eigene Darstellung in Anlehnung an Pezzei (2006)
[121] vgl. Ritter (2005b), S. 227; Ludgen (2002), S. 63f
[122] vgl. Pezzei (2006), o.S.
[123] vgl. ebd.

4.4 Raum- und Funktionsplanung

Das gute Funktionieren eines Gebäudes ist oberstes Ziel eines Entwurfes. Das betrifft sowohl die Funktionsabläufe, das technische Funktionieren der Gebäudehülle als auch die ästhetische Funktionen. Architektur als eine der wenigen praktischen Künste, die neben dem ästhetischen Wert auch einen Gebrauchswert haben, steht immer im Spannungsfeld von Kunst und Funktion. Das Ziel ist ein perfektes Zusammenspiel von Form und Funktion in einem harmonischen und ästhetischen Einklang.[124]

Im Wellnessbereich sind generell die Bauphysik, die Architektur, das Innendesign und die notwendige Technik je nach Anlage unterschiedlich. Abhängig von Neubau oder Sanierung, privater oder öffentlicher Nutzung, können die Anforderungen variieren. Da Wasser als zentrales Thema in Wellnessanlagen dominiert, ist permanent mehr Feuchtigkeit und Nässe als in anderen Bauwerkstypen vorhanden. Daher müssen die eingesetzten Baumaterialien entweder absolut wasserbeständig sein oder dauerhaft vor Feuchtigkeit geschützt werden.[125]

Die Strukturierung der Wellnessanlage, d.h. die Lage im Hotel, die Platzierung der Funktionsbereiche, die Erschließung und die Wegführung sind entscheidende Faktoren bei der Planung.[126] Die Größe des Spas richtet sich nach der Bettenanzahl des Hotels sowie nach der Positionierung, als USP oder Zusatzangebot (vgl. 4.2).[127]

---

[124] vgl. Romeiß-Stracke (1998), S. 141f
[125] vgl. Kielstein (2006), o.S ; Ludgen (2002), S. 64ff
[126] vgl. Rizzato (2006) o.S., Schletterer (2006) o.S.
[127] vgl. Pezzei (2006), o.S., Ludgen (2002), S. 66f

Grundsätzlich verfügt eine Wellnessanlage über die folgenden Bereiche:[128]

- Trockenbereich - Empfang/Sparezeption, Umkleiden, WC, Solarium
- Nassbereich - Duschen, Saunen, Dampfbäder, Pool
- Anwendungsbereich - Massageräume, Kosmetik
- Fitnessbereich
- Ruhezone – Liegen, Spa Buffet

Die einzelnen Bereiche können nach der Größe und Ausrichtung des Hotels variieren, meist ist dies notwendig, wenn das Spa auch als Day Spa öffentlich zugänglich ist.

Wie in Abbildung 12 dargestellt, betritt der Gast zuerst den Trockenbereich. Von dort aus kann er entweder den Fitnessbereich nutzen oder gleich in den Nassbereich, welcher weiters in den Nacktbereich unterteilt ist, betreten. Danach stehen dem Gast zwei Möglichkeiten offen in den Ruhebereich zu gelangen. Entweder direkt vom Nassbereich aus oder über den Anwendungsbereich.

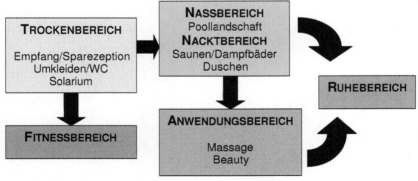

Abbildung 12: Funktionsbereiche einer Wellnessanlage[129]

---

[128] vgl. Pezzei (2006), o.S., Ludgen (2002), S. 66f
[129] Eigene Darstellung in Ahnlehnung an Pezzei (2006)

Nach HEINZ SCHLETTERER muss ein Spa vorausschauend geplant werden und künftige Erweiterungen berücksichtigen. Darüber hinaus sollte eine intelligente, aber wartungsarme Steuer- und Regeltechnik eingesetzt werden, um hohe Wartungskosten zu vermeiden.

Heizung, Lüftung und Sanitär zählen zu den Hauptkostenpunkten einer Wellnessanlage. Wasserflächen wie Whirlpools und Schwimmbäder sind nicht nur in der Errichtung sehr kostspielig, sondern auch in der Erhaltung. Hierbei spielen die Reinigung und Hygiene eine wichtige Rolle. Zur Verhinderung von Legionellenbildung (Bakterien welche im Wasser bei Temperaturen von 5° - 50° überleben) werden automatische Reinigungs- und Desinfektionssysteme eingesetzt (vgl. 4.6.4). Die Reinigungskosten in Wellnessanlagen sind nicht zu unterschätzen.[130]

An Hand der Abbildung 13, ein Skizzenplan einer Wellnessanlage für ein 5 Sterne Stadthotel, werden die oben angeführten Bereiche, Funktionen und Erschließungen dargestellt. Die überbaute Grundfläche beträgt 270m² und de Nutzung erfolgt nur für Hotelgäste. Die Wegführung ist eindeutig vorgegeben und wird mit Hilfe von roten Pfeilen verdeutlicht.

4.4.1 Wellnessplaner und Tourismusberater

Das richtige Vorgehen bei der Planung einer Wellnessanlage besteht darin, den geeigneten Spezialisten mit betrieblicher Kompetenz zu finden. Der Wellness- Fachplaner ist ein wichtiger Partner bei der Erstellung des Konzeptes, bei der Planung, in manchen Fällen auch bei der Errichtung und im Betrieb. Hierbei spielen gute Zusammenarbeit, Vertrauen und Kommunikation eine wesentliche Rolle.[131] Oftmals werden ebenso Tourismusberater hinzugezogen, wenn ein bestehendes Hotel ein neues touristisches Konzept mit Wellness erstellen will. Im folgenden Abschnitt werden Benchmarks von den größten und renommiertesten Fachplanern dargelegt.

---

[130] vgl. Schletterer (2006), o.S.; Ritter (2005b), S. 232
[131] vgl. Ritter (2005b), S. 232

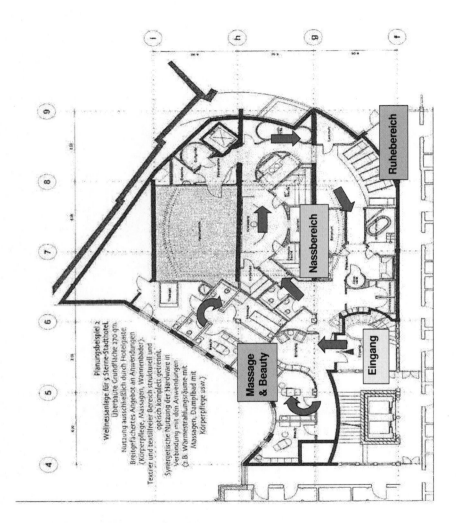

Abbildung 13: Skizzenplan einer Wellnessanlage[132]

[132] vgl. Ludgen (2002), S. 71, Quelle: Vitadom R. Ludgen GmbH

4.4.2 Benchmarks

Zu den größten und renommiertesten Tourismusberater in Österreich zählen: Kohl und Partner, ETB Edinger Tourismusberatung, sowie Michaeler und Partner, zu den Wellnessplaner zählen: Schletterer International Group, Spa Consulting und Acqualine. Die bekanntesten Saunahersteller sind: Klafs Saunabau, Wellnesskultur Setz, Saunabau Silgmann und Gruber Sauna. Für den deutschsprachigen Raum sind des Weiteren die Firmen Deckelmann Wellness, Wellness Institut Deutschland, Haslauer, Rizzato Spa Consulting sowie die Spa Company in der Schweiz zu erwähnen.

Einige der eben genannten Firmen führen im Zuge von Seminar- und Vortragsreihen Benchmarks für Wellnessanlagen an.[133] Wie in Abbildung 14 ersichtlich, divergieren die Angaben. Das ist darauf zurückzuführen, dass die Berechnungen auf diesem Gebiet erst seit kurzem gemacht werden und die Branche sehr schnelllebig ist. Darüber hinaus bieten Berater oftmals die Berechnung von operativen Abläufen in Wellnessanlagen an.

Kohl und Partner	Michaeler und Partner
Wellnessfläche pro Zimmer in m²	
Best practice: 35,7m²	Luxus: >20m²
Durchschnitt: 16,2m²	Durchschnitt: 10-20m²
Anzahl der Liegen pro Zimmer	
Best practice: 2,4	---
Durchschnitt: 0,8	---
Investitionskosten pro m²	
€ 2.000 – 2.500/m²	€ 2.500/ m²

Abbildung 14: Benchmarks[134]

---

[133] vgl. Kohl und Partner (2007); Pezzei (2006), o.S.
[134] Eigene Darstellung

4.4.3 Planungsfehler

Um Schwierigkeiten bei der Realisierung von Wellnessanlagen sowie Misserfolge zu vermeiden, ist eine genaue Planung voraus zusetzen. Die folgenden Punkte sind die häufigsten Versäumnisse seitens der Betreiber und Investoren:[135]

- Fehlende inhaltliche Konzepte – Die Gefahr liegt in der Vergleichbarkeit und Austauschbarkeit der Leistungen, deshalb ist es notwendig ein spezielles und innovatives Konzept passend zu dem jeweiligen Betrieb zu erstellen (vgl. 4.1). Zu viele Hoteliers sind reine Imitatoren und schaffen dadurch Überkapazitäten, welche sich in einer Verwässerung der Thematik Wellness äußern.[136]

- Zielgruppe ist nicht klar definiert – Angebot und Nachfrage sind oft nicht aufeinander abgestimmt (vgl. 4.2). Die Vorstellungen und Wünsche des Betreibers stimmen nicht mit den Erfordernissen des Marktes überein. Deshalb sind eine Bestandsaufnahme und eine intensive Marktforschung unabdingbar.

- Falsche Finanzierungsansätze – Hierbei ist es wichtig einen Businessplan mit entsprechender Kosten-Nutzenrechnung zu erstellen, um die zu erwartenden Betriebskosten zu ermitteln. In vielen Fällen wird ein ungeeigneter Standort gewählt und Betriebe mit geringer Größe bauen zu große Anlagen. MARTIN SCHAFFER, Geschäftsführer von Kohl und Partner Wien GmbH, meint in diesem Zusammenhang, dass das Verhältnis von Wasser- und Freiflächen oftmals nicht stimmt. Wasserflächen verursachen die höchsten Betriebskosten und sollten demnach bewusst klein gehalten werden, hingegen die Ruhe- und Liegeflächen sollten großzügig angelegt sein. Für die Umsetzung sollten Partner mit Erfahrung und ansehnlichen Referenzen gewählt werden (vgl. 4.4.1).

---

[135] vgl. Rizzato (2006), o.S.; Ludgen (2002), S. 64ff
[136] vgl. Reiter (2002), S. 180

- Inhaltlich und zeitlich schlechte Pre-Opening-Aktivitäten – Die Aufbau- und Anlaufzeit für gut gehende Wellnessanlagen ist marketingmäßig eine

- Herausforderung. Wie sich zeigt wird oft zu schwach begonnen und dann das Marketingprogramm nicht durchgehalten. Laut JAKOB EDINGER, Inhaber der ETB

- Edinger Tourismus Beratung GmbH, beträgt der Aufbau für Top Wellnessanlagen mehr als vier Jahre.[137]

- Unqualifizierte Betreiber und Personal – Die Schaffung von Hardware alleine ist noch keine Lösung. Der Schlüsselfaktor liegt in der Rekrutierung von qualifiziertem Personal. Der Betreiber und sein Team müssen hinter dem Konzept stehen und die Philosophie nach außen tragen. Die Auslagerung von Kosmetik, Massage usw. an Subunternehmer ist nur meist theoretisch ein guter Ansatz, denn die Gesamtverantwortung geht verloren und das Produkt ist nicht mehr aus einem Guss.

4.5 Innendesign

Der Ursprung des Wellnessdesigns liegt in den 80iger Jahren, wobei es dazumal missverstanden interpretiert wurde. In Verbindung mit der Sanierung und dem Neubau klassischer Schwimm- und Saunalandschaften, vorwiegend in Hotels und Fitness Clubs, wurden Einrichtungen aus Kunststoff eingebaut. Folglich entstanden eine Vielzahl an tropische Landschaften mit künstlichen Palmen und Felsimitaten. Natur existierte nicht real, sondern wurde mit Hilfe von Abziehbildern in die Anlagen gebracht.[138] Danach in den 90iger Jahren, wie bereits im Kapitel 3.5.1.1 erwähnt, wurden dank der Entwicklung neuer Wandflächensysteme, überladene, prunkvolle Wellnessanlagen gebaut.

---

[137] vgl. Ludgen (2002), S. 68
[138] vgl. Ritter (2005c), S. 218

Der Meinung von Experten zu Folge, ist diese Art von Wellnessdesign passé. Heutzutage muss die räumliche Hülle von Wellnessanlagen eine Übereinstimmung von Form und Inhalt darstellen. Derzeit ist eine Tendenz zu Reduziertheit, zu weniger ist mehr, festzustellen. Angepasste Thematisierung, Einbeziehung des Umfeldes und der Natur, ganzheitlich orientierte und authentische Aspekte der Inszenierung bestimmen die Diskussion um Wellnessdesign. Themen- oder regionsbezogene Details werden nur mehr andeutungsweise verwendet, wie z.B. asiatische, orientalische und indische Elemente.

Je weniger überladen ein Raum ist, desto leichter ist es, die Gestaltung zu verändern und desto mehr findet der Gast zu Konzentration und Entspannung.[139]

Eine andere Möglichkeit der Gestaltung von Wellnessanlagen ist jene der Implementierung eines Konzeptes von einer Firma, wie z.B. Aveda Destination Spas, wie z.B. im Loisium Hotel in Langenlois. In diesen Projekten sind die Kernangebote weltweit dieselben, mit jeweils regional unterschiedlichen Behandlungen. Dennoch gilt, das Spadesign muss stimmig zum Design des Hotels sein und der Betreiber muss sich mit der Anlage identifizieren können.

Gutes Wellnessdesign sollte alle Sinne des Menschen ansprechen und ihn zu einer Auseinandersetzung mit sich selbst anregen. Das Raumerlebnis in den Wellnesanlagen hängt sehr stark von den verwendeten Materialien und Details der Ausstattung ab. Deshalb sind Licht, Farbe, Duft und Klang entscheidende Faktoren bei der Inszenierung des Gesamterlebnisses und müssen harmonisch aufeinander abgestimmt sein.[140] Auf diese entscheidenden Aspekte wird in dem nun folgenden Abschnitt näher eingegangen.

---

[139] vgl. Schletterer (2006), S. 147f; Ritter (2005c), S. 217ff; Joehnk (2002), S. 154f
[140] vgl. Ritter (2005c), S. 220

4.5.1 Licht

Das Licht ist ein legitimes Mittel um Atmosphäre zu erzeugen.[141] Idealerweise sollte der Wellnessbereich durch die Nutzung von Tageslicht mit der Natur und der Umgebung in Beziehung gesetzt werden. Wenn dies nicht möglich ist, kann mit Hilfe von indirektem Licht Atmosphäre erzeugt werden. Heute werden oft LED Beleuchtungen verwendet, welche variable Farbakzente ermöglichen. Das Licht sollte auf zentrale Punkte der Anlage fokussieren um den Gast zu Konzentration und Entspannung zu verhelfen.[142] Strahlendes und warmes Licht bringt Lebensenergie und ist daher eine Grundvoraussetzung im Feng Shui (vgl. 4.6.1).[143]

4.5.2 Farben

Bereits GOETHE sprach von der Freude des Menschen an den Farben. Der Begriff Farbenlehre bezeichnet ästhetische und naturwissenschaftliche Theorien über die Erscheinung und Empfindung von Farbe. Farbreize, die durch einen Lichtstrahl auf das Auge ausgelöst werden, bewirken über das Gehirn eine gewisse Farbempfindung.[144]

Wie in Abbildung 15 dargestellt, wird eine grundsätzliche Teilung in warme und kalte Farben vorgenommen. Rot, orange, gelb sind demnach warme, blau und violett kalte Farben. Grün, wie fälschlicherweise in dieser Abbildung den kalten Farben zugeordnet, nimmt nach GOETHE eine Sonderstellung als neutrale Farbe ein. Die Grund- oder Primärfarben sind rot, gelb und blau. Vervollständigt wird der stark vereinfachte abgebildete Farbkreis durch die Komplementärfarben orange, grün und violett, sowie deren Mischungen. Weiters sind aus der Darstellung die gegenüberliegenden Farben, auch Kontrastfarben genannt, herauszulesen. Die Gegenfarbe von grün ist rot, von blau orange und von gelb violett und umgekehrt. Ergänzend dazu sind weiß und schwarz nicht im Farbkreis zu finden, da sie nicht als Farben angesehen werden.[145]

---

[141] vgl. Garstenauer (2002), o.S.
[142] vgl. Schletterer (2006), S. 149f
[143] vgl. Sator (2005), S. 27
[144] vgl. Reichenhauser (2003), S. 30f
[145] vgl. ebd.

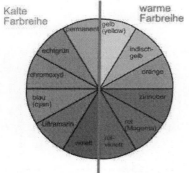

Abbildung 15: Das Farbspektrum stark vereinfacht[146]

4.5.2.1 Die Wirkung der einzelnen Farben

Farben haben eine sinnliche Wirkung auf den Menschen und rufen in ihm eine gewisse Stimmung hervor. EVA HELLER hat wissenschaftliche Untersuchungen über Assoziation, Wirkung und Beliebtheit der Farben durchgeführt und in dem Werk „Wie Farben wirken" zusammengefasst.[147]

Demnach üben Farben die verschiedensten Wirkungen, wie eine psychologische, symbolische, kulturelle, politische, traditionelle und kreative, auf den Menschen aus. Obwohl Farben auf jeden Menschen eine unterschiedliche Wirkung haben, können bestimmte Stimmungen hervorgerufen werden.[148] In der untenstehenden Abbildung 16, sind die Assoziation und die psychische Wirkung der einzelnen Farben auf den Menschen dargestellt. Mit jeder Farbe wird ein positiver und negativer Aspekt assoziiert.

---

[146] vgl. o.V. (2007a), o.S.
[147] vgl. Heller (2004), S. 13f
[148] vgl. ebd.

FARBE	ASSOZIATION	PSYCHISCHE WIRKUNG
rot	Blut, Liebe, Lebensenergie – Krieg, Aggression, Inferno	anregend, vitalisierend, verlockend, warnend
blau	Himmel, Wasser, Ferne, Tiefe, Sympathie, Harmonie	beruhigend, geheimnisvoll, löst Blockaden und fördert Kommunikation
gelb	Sonnenlicht, Heiterkeit, Reife, Kraft, Blumen – Neid, Falschheit	erhellend, vertrauen erweckend, anregend, stärkt Selbstvertrauen und Konzentrationsfähigkeit
grün	Hoffnung, Heilung, Natur, Ausgleich, Optimismus, Geborgenheit – Gift, Unreife	wohltuend, ausgleichend, sichernd, ausdauernd
orange	Aktivität, Gefühl, Intellekt, Energie, Wärme, Früchte	erregend, heiter, setzt kämpferische Impulse, fördert Kreativität
violett	Religion, Spannung, Unruhe – Gewalt, Macht, Leid	magisch, verzaubernd, melancholisch, niederdrückend, deprimierend
braun	Erde, Holz, Fruchtbarkeit, Belastbarkeit - Armut, Verfaultes	beständig, schwermütig, langweilig, verharrend
schwarz	Finsternis, Angst, Tod, Geheimnis, Mystik	melancholisch, verzichtend, blockierend
weiß	Vollkommenheit, Reinheit, Offenheit, Unschuld, Licht, Distanz, Kühle	befreiend, beruhigend, enthemmend, nachdenkend, kühlend, distanzierend

Abbildung 16: Die psychische Wirkung der einzelnen Farben[149]

In Ahnlehnung an die Ergebnisse von EVA HELLER, ist blau zu ca. 40% mit Abstand die Lieblingsfarbe beiderseits der Männer und Frauen, gefolgt von rot, grün, schwarz, rosa und gelb. Zu den Unbeliebtesten zählen braun, orange und violett.[150]

Eine andere Möglichkeit, um die psychologische Wirkung von Farben herauszufinden, stellt der Farbtest von HEINRICH FRIELING dar. Die Durchführung und Auswertung dieses Testes erweist sich als aufwendiger Prozess. Dem Probanden werden 23 Testfarben vorgelegt, wobei dieser immer vier Farben zusammenlegt. Nach der Auswertung beider vorgeschriebener Testsitzungen lässt der Farbtest einen tiefen Blick auf die Gesamtpersönlichkeit zu, auf erworbene Verhaltensweisen aus dem bisherigen Leben und

---

[149] Eigene Darstellung in Ahnlehnung an Heller (2004), 23ff; Mende (2003), S. 26ff
[150] vgl. Heller (2004), S. 20

auf Strategien im Handeln bei Alltagsereignissen und schwierigeren Situationen. Nach Frieling eignet sich der Test für Untersuchungen zur Berufseignung, für Partnerschaftsfragen, pädagogische Fragestellungen, Psychotherapie und Psychiatrie, Betriebs- und Werbepsychologie.[151]

In Spas werden Farben, im besten Fall nach ihrer psychischen Wirkung auf den Menschen, zur Erzeugung von Stimmung und Atmosphäre eingesetzt. Die Farben können nach den Jahreszeiten abgestimmt werden um somit in den lichtarmen Monaten ein harmonisches Licht zu gewährleisten.[152] Alle erdigen Farben wie braun, grün und gold schaffen Stabilität und Ausgewogenheit, feurige Töne wie rot und orange wirken lebendig und anregend, Blautöne wirken beruhigend und helle Pastelltöne unterstützen die geistige Klarheit und Leichtigkeit.[153] Farben stehen auch in engem Zusammenhang mit den 5 Elementen nach Feng Shui (vgl. 4.6.1.4).

4.5.3 Duft und Klang

Zur Vervollständigung des Gestaltungskonzeptes in einem Spa zählen auch Düfte und Klänge. In der Natur sind seit jeher Duft- und Lockstoffe präsent. Der Mensch kann auf solche Substanzen sensibel reagieren. Da Düfte und Klänge direkt auf den Teil des Gehirns einwirken, der für Gefühle und Erinnerungen zuständig ist, beeinflussen sie die Stimmung unmittelbar. Deshalb fühlt sich der Mensch mit manchen Gerüchen wohler als mit anderen und Klänge können wiederum Bilder aus der Vergangenheit hervorrufen. Mit dem Einsatz von Düften kann schnell und effizient ein entspanntes Ambiente geschaffen werden. Die Raumenergie wird geklärt und die Konzentrationsfähigkeit gefördert.[154] Darüber hinaus haben Düfte auch eine heilende Wirkung welche in der Aromatheraphie eingesetzt werden.[155]

---

[151] vgl. Fischer (2007), o.S.
[152] vgl. Schletterer (2006), S. 149f
[153] vgl. Haberl (2007), o.S.
[154] vgl. Sator (2005), S. 40f
[155] vgl. Morris (1993), S. 61

Düfte werden durch Parfüms, welche aus ätherischen Ölen bestehen, erzeugt. Diese wiederum werden vom menschlichen Organismus als Geruch oder Geschmack wahrgenommen und sind in der Regel nicht wasserlöslich. Um das zeitliche Element des Duftes zu bezeichnen verwenden die Parfümiere folgende Ausdrücke:[156]

- Kopfnote: allererster Eindruck, hält nur für wenige Minuten an
- Herz- oder Mittelnote: Herz eines Duftes, hält 2-3 Stunden an
- Basisnote: Grundnote mit großer Kraft, Festigkeit und Dauerhaftigkeit, hält mehrere Stunden bis zu wenige Tage

Des Weiteren werden Düfte in verschiedene Kategorien eingeteilt, wie blumige Düfte, grüne Düfte, Zitrusdüfte, orientalische Mischungen, holzige, Chypretypen, Aldehyddüfte und Leder-Tierdüfte.

Im Wellnessbereich werden Düfte, in Form von Kerzen, Lampen oder Säulen, als Unterstützung und Verstärkung von Entspannungsphasen verwendet. Vorwiegend werden ätherische Öle aus natürlichen Essenzen wie Kräuterextrakten und Hölzern eingesetzt. Jedoch muss darauf geachtet werden, dass Düfte auf jeden Menschen unterschiedlich wirken und allergische Reaktionen nicht ausgeschlossen werden können.[157]

Im folgenden eine Auflistung der einzelnen Düfte und ihrer Wirkungen:[158]

- *Verbesserung der Raumluft*: Wacholderbeere, Zitrone, Eukalyptus
- *Beruhigend*: Anis, Baldrian, Sandelholz
- *Entspannend*: Zimtrinde, Majoran, Lavendel
- *Energiesteigernd*: Latschenkiefer, Fichtennadel, Rose, Salbei
- *Kreativitätssteigernd*: Zimtrinde, Cassia, Koriander
- *Konzentrationsfördernd*: Zitrone, Lemongrass, Pfefferminze, Rosmarin
- *Harmonisierend*: Rose, Kamille blau, Orange süß, Weihrauch
- *Erotisierend*: Ylang-Ylang, Sandelholz, Patchouli, Geranium

---

[156] vgl. Morris (1993), S. 15ff
[157] vgl. Krempel (2006), S. 34f; Wejwar (2007), o.S.
[158] vgl. Sator (2005), S. 41

4.5.4 Material

Die Herausforderung bei der Gestaltung von Wellnessanlagen liegt darin, eine Balance zwischen Spannung und Entspannung zu bieten. Das Auge sollte zur Ruhe kommen, aber trotzdem Reize fnden. In diesem Zusammenhang spielen die verwendeten Materialien eine wichtige Rolle.[159] Natürliche Materialien, mit edlen Oberflächen, werden als lebendig und beruhigend empfunden.[160] Daher ist ein Trend zu hochwertigen Naturmaterialien, wie Natursteine, Lehm und heimische Hölzer, festzustellen. Ebenso werden Pflanzen als Verbindungselement zur Natur und Umgebung eingesetzt. Im besten Falle verfügt eine Wellnessanlage über einen kleinen Garten, wobei ein Trend zu japanische Zen Gärten (vgl. Abbildung 7: Wellnessanlagen im asiatischen Stil) festzustellen ist. Aber auch hier gilt, weniger ist mehr, denn zu viele Gegenstände belasten den Menschen und lenken ab.[161]

4.6 Energetisches Bauen in Wellnessanlagen

„Ich fühle mich wohl, ich fühle mich unwohl". Diese Aussagen eines Menschen hängen eng mit Faktoren der Natur sowie der Architektur eines Gebäudes zusammen. Eine Art wissenschaftliche Erklärung für den Einfluss der Architektur auf das menschliche Wohlbefinden stellt die Geomantie dar. Die Philosophie von Energiegesetzen des Bauens und Wohnens kann in Wellnessanlagen bzw. in Hotelbauten entsprechend eingesetzt werden. Der Kerngedanke ist, den Standort der Anlage nach den Energiefeldern zu optimieren und somit durch das Resonanzprinzip eine bestimmte Zielgruppe anzusprechen.

Mit Hilfe der folgenden Begriffserklärungen der beiden geomantischen Praktiken Feng Shui und Radiästhesie, sowie deren Entstehung und Anwendung in einem Wellnessbereich soll eine Einführung in die komplexe Materie gegeben werden. Anschließend wird versucht, an Hand eines Beispiels des Hotelprojektes Larimar, einen Bezug zur Praxis herzustellen.

---

[159] vgl. Schletterer (2006), S.149
[160] vgl. Ritter (2005c), S. 220
[161] vgl. Gstettner (2006), o.S.; Joehnk (2002), S. 156

4.6.1 Feng Shui

Feng Shui heißt übersetzt „Wind und Wasser" und ist die chinesische Kunst der Geomantie.[162] Die beiden machtvollen Naturkräfte symbolisieren die Energien, welche auf Landschaft und Menschen einwirken. In China wird dieses Wissen seit jeher eingesetzt, um den richtigen Standort eines Wohnhauses, sowie dessen Raumgestaltung zu wählen. Dadurch kann die psychische und physische Verfassung des Menschen positiv beeinflusst und seine Energien gestärkt werden.[163]

Zur Erklärung des Begriffes Geomantie:
Der Ausdruck stammt aus dem griechischen und bedeutet wörtlich übersetzt „Weissagung aus der Erde". In der heutigen Zeit wird Geomantie als Kunst und Wissenschaft um die Beschaffenheit und Ausrichtung besonderer Orte in der Landschaft verstanden. Dies erfolgt mit Hilfe von intuitiver Wahrnehmung feinstofflicher Dimensionen, welche auf physischen, seelischen und geistigen Ebenen basieren. In anderen Worten werden Energieströme auf der Erdoberfläche ausgemacht und in landschaftsgestaltende Maßnahmen einbezogen. Ziel ist es, positive, harmonisierende Kräfte zu verstärken und negative abzuschwächen. Die historische und geographische Bedeutung eines Ortes ist dabei genauso wichtig, wie seine innere Qualität. In der Geomantie werden die Wissensbereiche Geometrie, Astronomie, Radiästhesie (vgl. 4.6.2) Kunst, Architektur und Stadtplanung miteinander verbunden.[164]

Die Idee des Feng Shui beruht auf der Lehre des Taoismus. Im Mittelpunkt der Philosophie des Taoismus stehen die Beziehung des Menschen zur Welt und sein Umgang mit der Natur. Für Taoisten ist das Universum untrennbar mit dem eigenem Ich verbunden. Ein erfülltes Leben ist nur dann möglich, wenn man entsprechend der Gesetze der Natur lebt. In Bezug auf Feng Shui wird der Taoismus nicht so sehr als Religion sondern viel mehr als eine Lebenskunst gesehen.[165]

---

[162] vgl. Jordan (2004), S. 89
[163] vgl. Sator (2005), S. 11
[164] vgl. Pap (1996), S. 16ff
[165] vgl. Sator (2005), S. 12f

Eine Lebensweise nach den Naturgesetzen kann dem Menschen helfen, inmitten von Alltagsstress und Überforderung wieder zu einem ausgewogenen Leben zu finden. Stille,

Vertrauen und die Bereitschaft vom Leben zu lernen sind notwendig um Hektik und Belastungen zu meistern. Auf Grund der heutigen schnelllebigen Zeit, wird das jahrhundertealte Wissen in der westlichen Welt neu entdeckt.[166] Jedoch darf nicht in Vergessenheit geraten, dass die Lehre des Feng Shui aus einem anderen Kulturkreis mit anderen geographischen und klimatischen Verhältnissen, sowie Weltanschauungen kommt. In der westlichen Welt kann Feng Shui dann erfolgreich sein, wenn es in einer kritischen Haltung konsumiert und als Erfahrungslehre verstanden wird.[167]

4.6.1.1   Das Energieprinzip - Chi – Der Energiefluss

Nach der chinesischen Lehre ist alles Energie und alles mit allem verbunden. In anderen Worten steht der Mensch mit der ihn umgebenden Welt der Materie, als auch mit der nicht greifbaren Welt des Unsichtbaren in unmittelbarer Verbindung. Diese universelle Lebenskraft, die alles durchströmt und belebt, wird in China als „Chi" bezeichnet. Die Chi Kraft ist keine statische Erscheinung, sondern eine dynamischen Bewegung, die vom Mond und von dem magnetischen Feld der Erde beeinflusst wird. Die Energie, zirkulierend in sanften Schwüngen, muss frei fließen um ale Bereiche mit Lebenskraft versorgen zu können. Hindernisse im Umfeld des Menschen, welche den optimalen Energiefluss stören, können das Leben und die Gesundheit nachhaltig belasten. Diese destruktiven Energieflüsse von außerhalb werden „Sha-Energie" oder „schneidendes Chi" genannt. Die Erzeuger von Sha Energie sind alle scharfkantigen und spitzen Formen, sowie langen Geraden. Die Energie schießt wie unsichtbare Pfeile in das Energiefeld des Menschen, schwächt es und sollte daher vermieden werden. Spiegel, mit ihrer reflektierenden Eigenschaft, schützen Gebäude oder Räume vor Sha Chi.[168]

---

[166] vgl. Sator (2005), S. 12f
[167] vgl. Jordan (2005), S. 89
[168] vgl. Sator (2005), S. 14f; Pap (1996), S. 72f

In Hotel- und Wellnessanlagen ist ein grundlegender Faktor des Wohlbefindens ein großzügiges Raumangebot, d.h. Energiesammelplätze zu schaffen. Dies beginnt bereits außerhalb des Gebäudes beim Eingang, geht weiter über den Rezeptions- und Lobby Bereich und endet beim Betreten des Hotelzimmers bzw. der Behandlungskabine. Der Gast muss in jedem der Bereiche genug Platz vorfinden, um sich wohl zufühlen. Überall

dort wo sich Menschen im Gebäude bewegen, entsteht ein Energiefluss. Großes Augenmerk sollte auf Gänge und Stiegenhäuser gelegt werden, da sie zur Verteilung der Energie dienen. Deshalb sollten sie hell und großzügig wirken und lange, gerade Flure sowie dunkle, enge Bereiche sollten vermieden werden.[169]

4.6.1.2   Das Resonanzprinzip

Wie bereits im vorigen Abschnitt erwähnt, ist alles im Universum Energie und Schwingung. Demzufolge hat jeder menschliche Körper und die gesamte ihn umgebende Natur ein individuelles Schwingungsmuster. Diese wellenförmigen Schwingungen stehen in ständiger Wechselwirkung, bedingt durch Energiezufuhr oder Energieabzug. Wenn sich ein Empfänger für eine bestimmte Schwingung des Senders öffnet, wird er von dieser ergriffen und sie wird ihm zu Eigen. Unbewusst sucht der Mensch solche Schwingungen, die in ihm Widerhall finden und seine Eigenschwingung verstärkt. Der Mensch muss lernen durch bewusstes Denken, Entscheiden und Handeln seine Energie an jene Empfänger zu senden, die auf demselben Level schwingen. Erst wer die Kunst beherrscht, positive Energien zu erkennen und sich mit ihnen zu verbinden, kann ein befreites und glückliches Leben führen.[170]

Jeder Ort hat auf Grund seiner geografischen Lage, seines geschichtlichen Ursprungs eine charakteristische Eigenschaft und Ausstrahlung. Die Feng Shui Bauphilosophie verfügt über Methoden zur Erkennung dieser positiven Qualitäten des Ortes und kann somit einen optimalen Platz für ein Hotel oder eine Wellnessanlage ausmachen.

---

[169] vgl. Leiminger (2006), S. 130
[170] vgl. Sator (2005), S. 17f; Jordan (2004), S. 58ff

Natur und Gebäude schwingen zusammen in Einklang und strahlen eine Einmaligkeit und Individualität aus. Durch das Resonanzprinzip zieht die Anlage eine spezifische Zielgruppe an, welche dort ein großes Wohlbefinden verspürt. Der Wellnessgast empfindet eine Stimmigkeit und Harmonie.[171]

4.6.1.3   Das Yin Yang Prinzip

Das Yin Yang Symbol ist untrennbar mit dem Gedankengut des Feng Shui verbunden. Das dunkle, ruhende Yin (weiblich) und das helle, aktive Yang (männlich) bilden zusammen die Einheit der Gegensätze, aus der die Lebenskraft Chi erwächst. Wie in Abbildung 17 dargestellt, wirken Yin und Yang gegen- und miteinander, sind nicht zu trennen und ergeben im Zusammenspiel stets ein Ganzes.[172]

Abbildung 17: Das Yin und Yang Symbol[173]

Nach dem Gesetz der Polarität werden Yin und Yang nicht als wertend angesehen. Ziel im Feng Shui ist es, eine Ausgewogenheit zwischen den Gegensätzen zu schaffen. Alles auf der Welt hat ein Gegenstück und das gesamte Leben wird von gegensätzlichen Kräften regiert.[174] In Abbildung 18 wird eine Auflistung der Polaritäten des täglichen Lebens vorgenommen.

---

[171] vgl. Leiminger (2006), S. 130
[172] vgl. Sator (2005), S. 77ff; Jordan (2004), S. 103ff
[173] vgl. o.V. (2007b), o.S.
[174] vgl. Sator (2005), S. 77ff; Jordan (2004), S. 103ff

Yin	Yang
Frau	Mann
Mond	Sonne
Nacht	Tag
Winter	Sommer
Wasser	Feuer
Erde	Himmel
Seele	Geist
passiv	aktiv
kalt	warm
feucht	trocken
rechts	links
dunkel	hell
Formen	
rund, oval, gewellt, bogenförmig	eckig, spitz, säulenförmig
waagrechte Linien	senkrechte Linien
quadratisch	rechteckig
Materialien	
Tapeten	Fliesen
Teppiche	Parkett
Sand, Lehm, Erde	Granit, Marmor
Glas	Leder, Metall, Kunststoff
Farben	
Pastelltöne	Volltonfarben
matt	glänzend

Abbildung 18: Die Polaritäten von Yin und Yang[175]

In der gegenwärtigen Gesellschaft sind Stress und Hektik vorherrschend, welche sich in einem Überangebot an Yang ausdrücken. Deshalb sucht der Mensch im Yin dominierten Wellness Balance und Ausgleich. Das Gesetz der Polarität spielt auch bei der Raumordnung eine wesentliche Rolle. Ein Ruhe- und Meditationsbereich in einer Wellnessanlage sollte nie direkt neben einem aktiven Bereich, wie dem Empfang – Rezeption oder Fitness liegen.

---

[175] Eigene Darstellung modifiziert nach Sator (2005), S. 78; Jordan (2004), S. 110

Darüber hinaus sollten Stoffe, Teppiche, Farben und Wandstruktur entsprechend dem jeweiligen aktiven und passiven Bereich in einer Wellnessanlage ausgewählt werden. [176]

4.6.1.4 Die fünf Elemente

Nach der chinesischen Philosophie des Taoismus repräsentieren die fünf Elemente alles, was in der Natur vorrangig ist. In der untenstehenden Abbildung 19 ist der nährende und schwächende Schöpfungszyklus der Elemente Holz, Feuer, Erde, Metall und Wasser dargestellt Wichtig ist hierbei, dass die Reihenfolge immer eingehalten wird. [177] Zur Erklärung der Kreisläufe, welche auch „Ordnung der wechselseitigen Erschaffung", die erzeugend wirkt und „Ordnung der wechselseitigen Eroberung", welche zerstörend wirkt: [178]

Holz erzeugt Feuer, wenn es verglüht hinterlässt es Asche oder Erde. Aus Erde kann Metall gewonnen werden, das zu Wasser geschmolzen werden kann. Wasser ist wiederum notwenig damit Holz wachsen kann usw. Darunter versteht man den nährenden Zyklus.

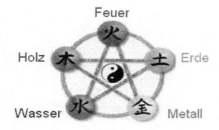

Abbildung 19: Die fünf Elemente[179]

[176] vgl. Leiminger (2006), S. 131
[177] vgl. Sator (2005), S. 90f
[178] vgl. Pap (1997), S. 76
[179] vgl. o.V. (2007c), o.S.

Im Gegenteil dazu funktioniert der schwächende Zyklus wie folgt: Holz verdrängt die Erde mit seinen Wurzeln, die Erde nährt sich mit Wasser, Wasser wiederum löscht Feuer, Feuer kann Metall schmelzen und Metall zerstört Holz, so wie eine scharfe Klinge den Baum zersägen kann.[180]

Die fünf Elemente geben wertvolle Hinweise auf den optimalen Standort für ein Gebäude, die ideale Architektur und die passende Gestaltung jedes Zimmers.[181] Jeder Mensch ist im Zeichen einer der fünf Elemente geboren und hat somit Vorlieben für bestimmte Farben, Formen und Materialien. Um in Hotels und Wellnessanlagen ein möglichst breites Publikum anzusprechen sollte in der Innenausstattung alle fünf Elemente eingesetzt werden.[182]

Alle Farben, Formen, Materialien, Himmelsrichtungen und Jahreszeiten sind einem Element zugehörig. Auch hier geht es die Balance der Kräfte zu regulieren, um ein Ungleichgewicht zu vermeiden. Seelische und psychische Probleme sind oftmals auf ein Übermaß oder Mangel eines Elements zurückzuführen. Im nun folgenden Abschnitt werden jedes Element und seine Eigenheiten näher beschrieben.

---

[180] vgl. Sator (2005), S. 90ff; Mende (2003), S. 34
[181] vgl. Sator (2005), S. 90
[182] vgl. Leiminger (2006), S. 131

4.5.1.4.1 Holz

Das Element Holz besitzt einen inneren Antrieb zum Wachstum und steht deshalb als Symbol für Motivation und Kreativität.[183]

- Himmelrichtung: *Osten*
- Jahreszeit: *Frühling*
- Tageszeit: *Morgen*
- Organ: *Leber, Gallenblase*
- Sinnesorgan: *Augen*
- Farben: *grün, türkis*
- Materialien: *Holz, Parkett, Pflanzen, Baumwolle, Papier*
- Formen: *vertikale Formen, schmale hohe Räume, Säulen, Regale*

4.5.1.4.2 Feuer

Das Feuer symbolisiert den Geist und die Spiritualität. Die richtige Dosierung ist wichtig, denn zuviel kann Feuer verglimmen und bei zu schwacher Zufuhr führt es zu Erstarren.[184]

- Himmelrichtung: *Süden*
- Jahreszeit: *Sommer*
- Tageszeit: *Mittag*
- Organ: *Herz, Dünndarm*
- Sinnesorgan: *Zunge*
- Farben: *rot, orange, rosa*
- Materialien: *Leder, Wolle, Kunststoffe, Plastik, Synthetics*
- Formen: *spitz, eckig, dreieckig, Giebeldächer*

---

[183] vgl. Sator (2005), S. 92; Mende (2003), S. 25f
[184] vgl. Sator (2005), S. 92; Mende (2003), S. 27ff

4.5.1.4.3 Erde

Erde repräsentiert den Ursprung aller Dinge, besitzt die Eigenschaft der Standfestigkeit und steht als Symbol der Beständigkeit.[185]

- Himmelrichtung: *Mitte*
- Jahreszeit: *Spätsommer*
- Tageszeit: *Spätnachmittag*
- Organ: *Milz, Magen*
- Sinnenorgan: *Mund*
- Farben: *gelb, braun*
- Materialien: *Stein, Keramik, Ton, Lehm, Sand, Mineralien*
- Formen: *flach, liegend, niedrig, quadratisch, lang gezogen*

4.5.1.4.4 Metall

Metall drückt Struktur aus und ist deshalb das Symbol für Durchsetzungsvermögen und Organisationstalent. Da Gold etwas Begehrenswertes für den Menschen darstellt, steht Metall auch für Begierde und Eitelkeit.[186]

- Himmelrichtung: *Westen*
- Jahreszeit: *Herbst*
- Tageszeit: *Abend*
- Organ: *Lunge, Dickdarm*
- Sinnesorgan: *Nase*
- Farben: *weiß, gold, silber, grau*
- Materialien: *alle Metallsorten, Granit, Marmor*
- Formen: *rund, gewölbt, oval*

---

[185] vgl. Sator (2005), S. 92; Mende (2003), S. 27ff
[186] vgl. Sator (2005), S. 92; Mende (2003), S. 29ff

4.5.1.4.5 Wasser

Die Form des Wassers ist flexibel und hochindividuell. Darum steht es für Rationalität und Klarsicht sowie Ausdauer und Beharrlichkeit.[187]

- Himmelrichtung: *Norden*
- Jahreszeit: *Winter*
- Tageszeit: *Nacht*
- Organ: *Niere, Blase*
- Sinnesorgan: *Ohren*
- Farben: *blau, violett, schwarz*
- Materialien: *Wasser, Glas, Spiegel*
- Formen: *formlos, gekrümmt, wellenförmig, amorph*

4.6.2 Radiästhesie

Die Radiästhesie ist ein Teilaspekt der geomantischen Planung und wird im Deutschen meist als Wahrnehmung von Strahlen übersetzt. Der Mensch kann durch eine entsprechende Fühligkeit Strahlen unmittelbar wahrnehmen. Zum Sichtbarmachen und Unterscheiden der Energien dienen vorwiegend Wünschelruten und Pendel. Die Radiästhesie findet Anwendung in der Ausmachung von Energiefeldern, Strahlen und Wasseradern, welche nicht unabhängig vom Menschen, sondern ständig verändert, neu geschaffen oder aufgelöst werden können. Der Sammelbegriff Erdstrahlen wird in rechtsdrehende (energiespendende) und Linksdrehende, so genannte geopathogene (energieabziehende) Zonen eingeteilt. Die Ergebnisse eines Wünschelrutengängers müssen nach den Regeln der Wissenschaft als subjektiv aufgefasst werden. Aus diesem Grund stellt sich die generelle Frage, ob es jemals möglich sein wird, die Wechselwirkung zwischen Mensch und Landschaft mit Hilfe der Geomantie wissenschaftlich erklären zu können.[188]

---

[187] vgl. Sator (2005), S. 92; Mende (2003), S. 29ff
[188] vgl. Jordan (2004), S. 294; Pap (1996), S. 27

4.6.3 Beispiel: Hotelprojekt Larimar

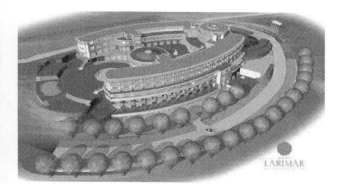

Abbildung 20: Skizze Larimar Hotel[189]

Im folgenden Abschnitt ist es der Verfasserin dieser Arbeit ein Anliegen, die bereits theoretisch erläuternden Aspekte der Geomantie an Hand eines praktischen Beispieles darzustellen.

Hotel Larmiar – Wellness in einer neuen Dimension

Johann Haberl mit seiner langjährigen Erfahrung im Thermentourismus ist Bauherr des Hotels Larmiar, welches im Juni 2007 eröffnet wird. Der Bauplatz, ein Ort der Kraft und Energie, wurde nach geomantischen Linien ausgemessen und befindet sich inmitten der harmonischen Landschaft des Südburgenlandes, in Stegersbach. Wie in Abbildung 21 dargestellt, hat der Grundriss des Gebäudes die Form eines Eies, welche als Ursprung jedes Lebens und als Inbegriff von Geborgenheit für den Menschen steht. Das Bild zeigt den Plan des Highlights dem 4.000m² Spa, mit Innen und Außenpool, einem Yin Yang Becken, Saunalandschaft und Behandlungsangeboten. Darüber hinaus stehen dem Gast eine große Gartenanlage mit Biotopen, Brunnen und Heilkräutergarten zur Verfügung.[190]

---

[189] Quelle: Larimar Hotel (2007)
[190] vgl. Larimar Hotel (2007), S. 2f

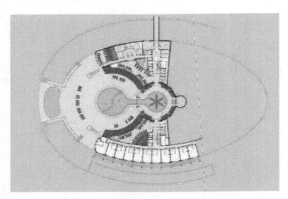

Abbildung 21: Grundriss des Larimar Hotels[191]

Als Namensgeber fungiert der Larimar, ein seltener und außergewöhnlicher Edelstein aus der Karibik, der als Heilstein die geistige und emotionale Gesundung fördert. Die Architektur des Hotels und Inneneinrichtung der Zimmer sind nach ökologischen Kriterien und nach den vier Elementen ausgestattet. Je nach Bedürfnis kann der Gast ein Feuer- Erd- Wasser oder Luftzimmer buchen (vgl. 4.5.2.1).

Mehr Informationen zu dem Hotelprojekt sind auf www.larimarhotel.at zu finden.

---

[191] Quelle: Larimar Hotel (2007)

4.6 Nachhaltiges Bauen und Ökologie in Wellnessanlagen

Nachhaltigkeit ist in den letzten Jahren zu einem wichtigen Aspekt in der Tourismusbranche geworden. Die eigentliche Bedeutung von Nachhaltigkeit beruht auf der Einheit von den Bereichen Ökologie, Ökonomie und Soziologie. In anderen Worten, sind diese drei Disziplinen gleichwertig, voneinander abhängig und stellen somit ein Ganzes dar. Nachhaltiges Bauen, als ein Teil der Nachhaltigkeit, basiert auf den drei „r", reduce – reduzieren, reuse – wieder verwenden und recycle – wiederverwerten. Des Weiteren liegt das Augenmerk auf der Entwicklung des Marktes, der Zersiedelung, den Energieverbrauch, den Baustoffen und dem Fachwissen der in Planungs- und Ausführungsphasen beteiligten Personen. Effizientes nachhaltiges Bauen, setzt eine fundierte Planung mit aktuellem und technischem Wissen voraus.[192]

Ökologische Betrachtungsweisen spielen im Bereich Wellness eine wesentliche Rolle, jedoch wurden sie bisher aus technischen und kostentechnischen Gründen in den Hintergrund gedrängt. Seit den 80iger Jahren entwickelten sich immer größere Wasserflächen und Saunalandschaften, welche sich als Energievernichtungsmaschinen entlarvten. Bis Ende der 90iger schien die Wirtschaftlichkeit von Wellnessanlagen nicht im Vordergrund zu stehen, Bauherrn investierten erhebliche Summen. Bedingt durch die steigende Anzahl an Wellnessanlagen und dem stattfindenden Verdrängungswettbewerb ist in den letzten Jahren eine Rückbesinnung zur Natur und zu ökologischen Aspekten festzustellen. Grundsätzlich sollte ein wellnessgeeigneter Ort eine Symbiose aus Natur und Gestaltung, d.h. Ökologie und Design, sein. Im Idealfall werden das natürliche Umfeld, wie Standort und Klima, die feste Materie, wie Gebäude und Materialien sowie die lebende Materie, Betriebskonzept und Emotionalität, harmonisch aufeinander abgestimmt. Der Einsatz von alternativen Energiekonzepten nimmt zu.[193]

In diesem Zusammenhang ist das Niedrigenergiekonzept der Firma „move" zu erwähnen. Die Innovation liegt in der naturnahen und individuell auslegbaren Temperierung von Wohnflächen. Die Flächenheiz- und Kühlsysteme gehen auf die Regulierung des menschlichen Wärmehaushaltes ein und schaffen somit ein angenehmes Raumklima. Die natürliche Luftfeuchtigkeit wird behalten und verhilft auch Allergikern zu Wohlbefinden.

---

[192] vgl. BMWA (2006), S. 3
[193] vgl. Ritter (2005c), S. 217ff

Das Produkt zeugt von recyclebaren Materialien, Nutzung von regenerativen Energien und einem niedrigeren Energieverbrauch.[194]

Ein außergewöhnliches Beispiel an Nachhaltigkeit und sanfte Einbettung in die Landschaft ist das Hotel „Das Gogers" in Neudau/Bgl. Besitzer und Betreiber, ALFRED HACKL, bezeichnet das Hotel als erstes ökologisches Designhotel in Österreich. Das begrünte Dach, die Beheizung mit Erdwärme, eine Solaranlage und natürliche, hochwertige verwendete Baumaterialien erfüllen die ökologischen Kriterien.[195]

4.6.4 Bäderhygienegesetz und Bäderhygieneverordnung

Das Bäderhygienegesetz, BHyg G und die Bäderhygieneverordnung, BHVO, müssen bei dem Bau einer Wellnessanlage unbedingt eingehalten werden. Sie regeln unter anderem die Badewasserqualität, technische Grundlagen und Hygienebestimmungen.[196]

Für die Wellnessplanung stellen diese Vorschriften oftmals eine Herausforderung dar. Hierbei spielen die Reinigung und die Hygiene eine wichtige Rolle. Im laufenden Betrieb einer Wellnessanlage werden durch jeden Besucher Mikroorganismen und so genannte „anthropogene" Substanze, wie Hautteilchen, Haare, Harn, uä. eingebracht. Durch die Umwelt erfolgt der Eintrag zusätzlicher Verunreinigungen, wie Sand, Staub, Russ, Pollen, u.ä. Wasserwirtschaftlich und energietechnisch wäre es unmöglich, das Wasser in den Wellnessanlagen ständig zu erneuern. Das Ziel der Bäderhygiene ist, die Art und Anzahl der durch die Besucher eingetragenen Mikroorganismen auf ein Mindestmaß zu reduzieren und dieses Mindestmaß einzuhalten. Zur Verhinderung von Legionellenbildung (Bakterien welche sich im Wasser bei Temperaturen von 5° - 50° überleben) werden automatische Reinigungs- und Desinfektionssysteme empfohlen[197]

---

[194] vgl. move (2007), o.S.
[195] vgl. Hackl (2007), o.S.
[196] vgl. BHygH (2006); BHVO (2007), im Anhang
[197] vgl. Pfeiffer (2007), o.S.

Jedoch liegt die Verantwortung und Regelung der Auflagen bei den Betreibern. Wenn ein Hotelier eine Bade- oder Saunaanlage plant, dann sind die Bestimmungen der Bäderhygieneverordnung anzuwenden. Es muss ein Antrag bei der zuständigen Behörde erfolgen und der Hotelier muss vorweisen, dass seine Anlage den Bestimmungen gerecht wird. Hierzu zählt der Einsatz von Wasseraufbereitungsanlagen, Überlaufrinne bei Schwimmbecken usw. Nach Erhalt der Bewilligung werden die Auflagen jährlich überprüft.[198]

Bezüglich der Kosten muss zwischen Anlagen für den gewerblichen und den privaten Gebrauch unterschieden werden. Der Whirlpool, also ein Warmwassersprudelbecken ist für eine gleichzeitige Nutzung mehrer Personen gedacht und fällt deswegen unter das Bäderhygienegesetz. Zusätzlich zu den Anschaffungskosten muss eine Wasseraufbereitungsanlage und andere technische Installationen vorgenommen werden, welche einen eigenen Raum für die Technik beansprucht. Das bedeutet eine wesentliche Erhöhung der Betriebskosten. Im Gegensatz dazu unterliegen so genannte Whirlwannen, zum Gebrauch für eine Person, nicht dem BHygG, dennoch muss eine bestimmte Wasserqualität eingehalten werden.[199]

Der komplette Gesetzestext des BHygG und BHVO ist im Anhang nachzulesen.

---

[198] vgl. Hirschenberger (2007) o.S.
[199] vgl. ebd.

4.7 Internationale Trends in Hotelspas

Hotels sind ein Spiegel ihrer Zeit, welche in der Architektur sichtbar sind. Das steigende Umwelt- und Kulturbewusstsein und die daraus resultierende Angst vor einer möglichen Vereinheitlichung der Nationen, bedingt durch Globalisierung, bringen verschiedene Trends hervor. Es besteht die Nachfrage nach authentischen Angeboten in entspannter Atmosphäre. Dabei besteht die Notwendigkeit in der Schaffung von Erlebniswelten für den Gast. Hierbei spielt die architektonische und ästhetische Komponente eine sehr wichtige Rolle (vgl. 3.5).[200]

Wie aus dem consumer trend report 2006 der ISPA hervorgeht, gehen die internationalen Trends in Richtung Medical Spa (vgl. Gesundheitszentrum Lanserhof), sowie zu Behandlungen im Hotelzimmer.[201] Weiters ist eine Entwicklung zu home Spas, d.h. Wellnessoasen im Eigenheim, festzustellen.[202]

Der Deutsche Wellness Verband definiert Medical Wellness wie folgt:[203]

„Medical Wellness" bezeichnet die synergetische Kooperation von Medizin und Wellness, die in ihrer Kombination mehr gesundheitliche Wirkung erzielt als jedes der beiden Kompetenzfelder für sich allein. Entsprechende Angebote müssen auf Grundlage medizinischer Fachkompetenz die Lebensqualität verbessern und zur Stärkung der eigenen Gesundheit durch einen genussvoll gesunden Lebensstil befähigen. Zumindest im Falle bekannter gesundheitlicher Vorbelastungen oder Vorschäden ist eine ärztliche Mitwirkung unerlässlich".

Ergänzend dazu werden Anwendungen in Doppelkabinen, auch Spa Suiten genannt, immer beliebter. Diese Wohlfühlbereiche werden für einen bestimmten Zeitraum gemietet und zwei Gäste können gleichzeitig ihre Behandlungen in Anspruch nehmen. Des Weiteren geht der Trend zur Natur, sowohl in den Materialien und in den Anwendungen als auch in der Beschaffenheit und Anzahl der Grünanlagen.[204]

---

[200] vgl. Schneider (2005), S. 478ff
[201] vgl. ISPA consumer trend report 2006
[202] vgl. ISPA o.S.; Martischnig (2002/2003), o.S.
[203] vgl. Deutscher Wellness Verband (2007), o.S.
[204] vgl. Gstettner (2006), o.S.

Darüber hinaus erfreut sich Floating, d.h. Schweben in konzentrierter Sole, großer Beliebtheit.[205] Der Mensch kann dadurch in den Alphazustand gelangen. Darunter wird der Zustand zwischen Schlaf und Wachbewusstsein, wobei Geschehnisse wahrgenommen, aber nicht beurteilt und analysiert werden, verstanden. Der Mensch fühlt sich körperlich und mental leicht und frei.[206]

In diesem Zusammenhang ist die Alphasphere Liege von dem Wiener Künstler Sha zu erwähnen. Das blaue Leuchtobjekt (vgl. Abb. 22), auch Klangliege genannt, soll den Benutzer in eine Art Traumzustand versetzten. Dies geschieht durch das einmalige Zusammenwirken von Farbe, Form und Licht mit Klang, Vibration und Wärme. Die Alphaliege ist das Siegerprojekt bei den vom Wiener Wirtschaftsförderungsfonds geförderten creative industries 2004 und wurde außerdem mit dem European Spa Award 2006 in der Kategorie „Best Spa Equipment" in Monte Carlo ausgezeichnet.[207]

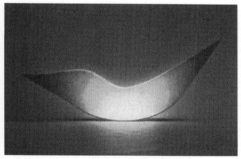

Abbildung 22: Alphaliege von Sha[208]

---

[205] vgl. Krempel (2006), S. 40
[206] vgl. alpha-suggestion (2005), o.S.
[207] vgl. Deix (2006), o.S.
[208] vgl. Alphaliege (2007), o.S.

4.8 Zusammenfassung

Zusammenfassend lässt sich feststellen, dass die Konzeptionsplanung einer Wellnessanlage ein komplexes Unterfangen ist. Die Höhe der Investition entscheidet über die Langlebigkeit des Konzeptes. Zunächst ist die Entwicklung eines Wellnesskonzeptes für jede Anlage individuell und nur in den seltensten Fällen vergleichbar mit anderen Projekten. Die Positionierung der Anlage richtet sich nach der Ausrichtung des Hotels. Bei der Konzepterstellung unterscheidet man zwischen Hard und Softwareangeboten. Die Architektur, das Innendesign, also die Raum- und Funktionsplanung, wird unter Hardware verstanden. Im Gegensatz zu den Dienstleistungen und Mitarbeitern sowie Qualitätsmanagement, was unter den Bereich Software fällt.

Zu den wichtigen Elementen in der Raum- und Funktionsplanung zählen die Strukturierung im Allgemeinen, die Platzierung der Funktionsbereiche, die Erschließung, die Wegführung und die Größe der Wellnessanlage.

Anschließend sollte das Innendesign alle Sinne des Menschen ansprechen und ihn zu einer Auseinandersetzung mit sich selbst anregen. Das Raumerlebnis in den Wellnesanlagen hängt sehr stark von den verwendeten Materialien und Details der Ausstattung ab. Licht, Farbe, Duft und Klang sind entscheidende Faktoren bei der Inszenierung des Gesamterlebnisses und müssen harmonisch aufeinander abgestimmt sein.

Darüber hinaus kann energetisches Bauen in Wellnessanlagen eingesetzt werden. Die chinesische Lehre des Feng Shui bietet hier eine Vielzahl an Möglichkeiten, wie z.B. den fünf Elementen, welche beim Innendesign energiebringend angewendet werden können. Jedoch darf nicht in Vergessenheit geraten, dass Feng Shui aus einem anderen Kulturkreis mit anderen geographischen und klimatischen Verhältnissen, sowie Weltanschauungen kommt.

Schließlich ist in den letzten Jahren auch nachhaltiges Bauen in Wellnessanlagen zum Thema geworden. Nach Jahrzehnten der Erschaffung von Energievernichtungsmaschinen wird jetzt vermehrt auf alternative Energiekonzepte sowie ökologischer Baumaterialien gesetzt. Eine Wellnessanlage sollte eine Symbiose von Natur und Gestaltungselementen sein.

Obwohl die Wellnessindustrie schon seit mehr als 20 Jahren boomt, sind dennoch Trends festzustellen. In Hotelspas sind Tendenzen zu den Themen Medical Wellness, Floating, Spa Suiten und „zurück zur Natur" bemerkbar.

Mit dieser Zusammenfassung ist der theoretische Teil dieser Arbeit beendet. Das nächste Kapitel, zugehörig dem empirischen Teil, widmet sich der Methodik, den Experteninterviews sowie deren Auswertung und Interpretation.

5 EMPIRISCHER TEIL

Der empirische Teil der Arbeit gliedert sich einerseits in der Beschreibung der unterschiedlichen Methoden empirischer Sozialforschung, mit Schwerpunkt auf qualitativer Forschung. Darüber hinaus wird das Experteninterview, sowie die Auswahl der Experten und die Durchführung der Interviews erklärt. Andererseits werden die gesammelten Informationen analysiert, kategorisiert und miteinander verglichen um somit eine theoretische Generalisierung vornehmen zu können (vgl. 5.3).

5.1 Methoden der empirischen Sozialforschung

Bei dem Sozialwissenschaftler, PETER ATTESLANDER, ist die folgende Definition zu finden:

> „Empirische Sozialforschung ist die systematische Erfassung und Deutung sozialer Erscheinungen. Empirisch bedeutet, dass theoretisch formulierte Annahmen an spezifischen Wirklichkeiten überprüft werden. ‚Systematisch' weist darauf hin, dass dies nach Regeln vor sich gehen muss. Theoretische Annahmen und die Beschaffenheit der zu untersuchenden sozialen Realität sowie die zur Verfügung stehenden Mittel bedingen den Forschungsablauf".[209]

Empirische Sozialforschung strebt Objektivität an und steht immer im Spannungsfeld zwischen Theorie und Praxis. Der Forschungsverlauf muss nach bestimmten Voraussetzungen geplant und nachvollziehbar sein. In diesem Zusammenhang müssen die Gütekriterien, Validität, also Gültigkeit, sowie Reliabilität, die Genauigkeit, erwähnt werden. Es wird von Empirismus gesprochen, wenn diese Kriterien nicht eingehalten werden. In anderen Worten ist der Theoriebezug nicht nachvollziehbar und ein bewusster Missbrauch liegt vor.[210] Diese Gütekriterien werden im Zuge der Beschreibung des Experteninterviews im Detail erklärt.

---

[209] Atteslander (2006), S. 4f
[210] vgl. ebd, S. 6

Generell wird zwischen quantitativen und qualitativen Forschungsmethoden unterschieden. Bei der quantitativen Forschung werden standardisierte, statische Methoden zur Datenerhebung und Auswertung eingesetzt. Hypothesen werden aus theoretischen Modellen abgeleitet, d.h. deduktiert, operationalisiert und anschließend überprüft.[211] In dieser Arbeit wird nicht näher auf die quantitativen Methoden eingegangen, jedoch werden die Qualitativen im nächsten Abschnitt näher beschrieben werden.

4.6.5 Qualitative Forschungsmethoden

In den letzten beiden Jahrzehnten ist eine verstärkte Zuwendung zu qualitativen Forschungsmethoden erkennbar. Die Gründe liegen im raschen sozialen Wandel und der daraus resultierenden Diversifikation von Lebenswelten. Sozialforscher sind mit sozialen Tatbeständen konfrontiert, wo nicht mehr die klassischen deduktiven Methoden mit der Hypothesenüberprüfung ausreichend sind.[212]

Die Aufgabe qualitativer Forschung ist es, Theorien aus empirischen Untersuchungen heraus zu entwickeln. Aus den beobachteten Einzelfällen wird induktiv auf allgemeingültige Theorien geschlossen. Die daraus gewonnen Hypothesen sind empirische Generalisierungen, d.h. allgemeingültige Aussagen im Sinne von vorläufig gültigen Versionen (vgl. 5.3). Jedoch darf bei der qualitativen Forschung die Annäherung an den zu untersuchenden Gegenstand nicht konzeptlos erfolgen, sondern es müssen theoretisches Vorwissen sowie sensibilisierende Konzepte mit einfließen.[213]

Zu dem Bereich der qualitativen Forschungsmethoden zählen Beobachtung, Inhaltsanalyse, Befragung und Fallstudie. Da die Autorin die Methode der Befragung gewählt hat, wird nur diese näher erklärt.

---

[211] vgl. Mayer (2002), S. 25ff
[212] vgl. ebd. S. 21f
[213] vgl. ebd. S. 23ff

Auf der sprachlichen Ebene der Befragung wird zwischen drei Methoden unterschieden:[214]

- Problemzentriertes Interview
- Narratives Interview
- Gruppendiskussion

Je nach Art der Befragung wird von einer wenig strukturierten oder offenen, teilstrukturierten und stark strukturierten oder standardisierten Interviewform gesprochen.[215]

Ziel einer Befragung ist es, eine möglichst hohe Gemeinsamkeit in der Kommunikation zu erreichen. ATTESLANDER betont in diesem Zusammenhang das SPR-Konzept (Stimulus-Person-Reaktion). Demzufolge ist die Motivation und Reaktion des Befragten höher, wenn der Interviewer seine Erfahrungen und sein Wissen mit in das Gespräch einfließen lässt. Je geringer der Grad der Gemeinsamkeit ist, desto asymmetrischer ist die Motivation der Beteiligten.[216]

4.6.6 Experteninterview

Das Experteninterview ist ein problemzentriertes Interview und meist teil-strukturiert. Mit Hilfe eines Gesprächleitfadens werden die interviewten Personen auf eine bestimmte Fragestellung hingelenkt, sollen aber offen, ohne Antwortvorgaben darauf reagieren können. Es besteht die Möglichkeit, aus dem Gespräch ergebende Themen aufzunehmen und diese weiter zu verfolgen. Das Experteninterview setzt eine sorgfältige Schulung des Forschers über den Gegenstand voraus. Des Weiteren hat dieser die Aufgabe den Informationsfluss und das Gespräch in Gang zu halten. Hierbei spielt die Schaffung von Vertrauen zwischen Interviewer und Interviewten eine wesentliche Rolle.[217]

---

[214] vgl. Mayring (2002), S. 66ff
[215] vgl. ebd.
[216] vgl. Atteslander (2006), S. 119f
[217] vgl. Atteslander (2006), S. 124ff; Mayring (2002), S. 69

Gütekriterien dienen als Zielvorgabe und zur Überprüfung von Forschungsmethoden. Die Validität, die Gültigkeit, betrifft die Frage, ob erfasst wurde, was erfasst werden sollte. Mit anderen Worten, erfasst eine Intelligenzuntersuchung wirklich Intelligenz und nicht lediglich Rechenfähigkeit. Die Reliabilität, die Genauigkeit, bezieht sich auf die Stabilität und Exaktheit der Vorgehensweise. Sie gibt an, inwieweit bei einer wiederholten Messung unter gleichen Bedingungen, das gleiche Ergebnis erzielt wird.[218]

In der aktuellen Diskussion um Gütekriterien qualitativer Forschungsmethoden, setzt sich die Einsicht durch, dass die Maßstäbe quantitativer Forschung nicht einfach übernommen werden können. Die Gütekriterien qualitativer Forschung müssen neu definiert und der Methode angepasst werden.[219]

Für das Experteninterview sind spezifische Gütekriterien entwickelt worden, die sich auf den Forschungsprozess beziehen:[220]

- Die Datenerhebung bezieht sich auf die Glaubwürdigkeit der Personen, der sozialen Beziehung des Forschers zum Subjekt und der Reaktivität des Materials.
- Die Datenaufbereitung betrifft die Dokumentation des Forschungsprozesses, d.h. die Offenlegung der Daten durch Aufnahme der Interviews.
- Die Auswertung verbindet Konzepte aus dem empirischen Material mit den argumentativ begründeten Interpretationen. Alternativdeutungen und Negativfällen muss nachgegangen werden.

5.1.1.1   Auswahl der Experten

Das Experteninterview, mit seinem relativ offenen Zugang verhilft der Autorin zu einer authentischen Erfassung der Lebenswelt und Sichtweisen der Befragten und liefert Informationen, welche bei quantitativer Vorgehensweise auf Grund ihrer Standardisierung verloren gehen.[221]

---

[218] vgl. Mayer (2002), S. 54ff, Mayring (2002), S. 140ff
[219] vgl. ebd.
[220] vgl. Mayring (2002), S. 142f
[221] vgl. Mayer (2002), S. 24

Der Auswahl der Experten bedarf eine genaue Kenntnis des Forschungsgegenstandes, sowie der Kompetenzverteilung und des Entwicklungsprozesses im jeweiligen Handlungsfeld. Als Experte gilt jeder, der auf einem begrenzten Gebiet über klares Wissen verfügt. Der Befragte ist weniger als Person, sondern als Repräsentant einer Gruppe in der Untersuchung zu sehen.[222]

Um bei der qualitativen Forschung die Repräsentativität der Daten zu gewährleisten, müssen Argumente angeführt werden, warum die Ergebnisse für andere Situationen und Zeiten gelten.[223]

Es wurden Interviews mit Experten aus den Bereichen Wellnessplanung, Architektur, Tourismusberatung und Hotellerie durchgeführt, um die Thematik aus verschiedenen Sichtweisen betrachten zu können. Die Auswahl der 18 Experten erfolgte im Zuge einer fundierten Recherche über die Firmen in den jeweiligen Branchen. Bei Wellnessplanern, Architekten und Tourismusberatern lagen die Auswahlkriterien in der langjährigen Marktpräsenz und Erfahrung in der Umsetzung von Wellnessanlagen in Österreich. Im Falle der Hoteliers wurden, mit Ausnahme des Hotel Sacher, jene Hotels in Betracht gezogen, welche in den letzten drei Jahren mit zeitgenössischer Architektur neu gebaut wurden. Das Hotel Sacher wurde nur um den Spabereich erweitert.

5.1.1.2   Durchführung und Organisation der Interviews

Die Experteninterviews wurden mittels Leitfaden, mit offenen Fragen zur Orientierung, durchgeführt. Durch die Verwendung eines Leitfadens wird die Vergleichbarkeit der Daten erhöht und erleichtert.[224] Die zentralen Fragen des Leitfadens wurden nach der Problemzentrierung erstellt. Bei den ersten Fragen handelt es sich um allgemein gehaltene Einstiegsfragen zur Thematik, gefolgt von Leitfadenfragen, welche die wesentlichen Aspekte beinhalten.

---

[222] vgl. Mayer (2002), S. 37ff
[223] vgl. ebd. 40f
[224] vgl. ebd. S. 36

In dieser Arbeit wurden zwei verschiedene Interviewleitfäden erstellt, jeweils einer für die Beraterseite und einer für Hoteliers (vgl. Anhang). Abhängig vom jeweiligen Experten und dessen Tätigkeitsbereichen wurden die Fragen mehr oder weniger geringfügig angepasst. „Entscheidend für das Gelingen des Experteninterviews ist [...] eine flexible, unbürokratische Handhabung des Leitfadens. [...]".[225]

Die 18 Experteninterviews wurden im Zeitraum vom 20. November 2006 bis 20. März 2007 durchgeführt. Die Erreichbarkeit der Experten erwies sich grundsätzlich als positiv. Es konnte mit bis auf zwei gewünschten Personen alle Gespräche realisiert werden. Die Experten wurden zunächst via Telefon kontaktiert und ein Gesprächstermin vereinbart. Außerdem wurde der Interviewleitfaden per email zugeschickt, um den Experten eine Vorbereitung zu ermöglichen. Alle durchgeführten Interviews wurden mit Zustimmung der interviewten Personen auf Tonband aufgenommen. Die Interviewerin konnte sich somit ganz auf das Gespräch konzentrieren, der Aufbau einer gleichberechtigten Beziehung während des Interviews wurde erleichtert.[226] Die Länge der Interviews variierte von zehn Minuten bis zu einer Stunde. Auf Grund der geographischen Distanz wurden acht Interviews persönlich, neun per Telefon und zwei via email Korrespondenz durchgeführt.

Während der Experteninterviews konnte ein Lernprozess festgestellt werden. Da die Verfasserin dieser Arbeit bei ihrem letzten Praktikum bei 50 Experteninterviews persönlich teilnehmen konnte, stellte die Durchführung und Interviewatmosphäre nichts Neues dar. Dennoch war mit Fortlauf der Interviews eine Steigerung der Gesprächsintensität und des Forschungsprozesses bemerkbar.

Als besondere Herausforderung kann das Telefoninterview genannt werden. Die Schwierigkeiten liegen im erschwerten Vertrauensaufbau und der Kontrolle der Situation. Im Gegensatz dazu liegt der Vorteil in der erhöhten Erreichbarkeit und das Telefoninterview bietet relativ rasch Ersatz für Ausfälle.[227]

---

[225] Meuser/Nagel (1997), S. 487 zitiert nach Mayer (2002), S. 46
[226] vgl. Mayer (2002), S. 36
[227] vgl. Atteslander (2006), S. 148

5.1.1.3   Auswertung der Interviews

Das Ziel der Auswertung bei Experteninterviews liegt darin, das erhobene Wissen zu vergleichen um eine Verallgemeinerung vornehmen zu können. Grundlage der Auswertung ist das transkribierte Tonband. Zu beachten ist, dass es keine eindeutige Interpretation von Texten gibt, in jedem Fall müssen die gelieferten Informationen argumentativ begründet sein.[228]

In einem ersten Schritt wurden die Textstellen markiert, welche eine Antwort auf die Fragen des Leitfadens geben. Es wurde auf Auffälligkeiten, Regelmäßigkeiten und neuen Phänomene geachtet. Danach wurden diese Textpassagen paraphrasiert und in Kategorien geordnet. Im Anschluss wurde die Terminologie der Interviewten in einer wissenschaftlichen Sprache formuliert. Letztendlich wurde die entsprechende Theorie miteinbezogen um eine generalisierende Darstellung der Ergebnisse vornehmen zu können (vgl. 5.3).

5.2 Zusammenfassung der Ergebnisse

„Jede Befragung beinhaltet Aussagen über die soziale Wirklichkeit, erfasst aber diese soziale Wirklichkeit selbst nur ausschnittweise".[229]

Im folgenden Abschnitt werden die Hauptaussagen zu den jeweiligen Themengebieten zusammengefasst aufbereitet, untermauert mit wörtlichen Zitaten der interviewten Personen. Diese werden mit den Nummerierungen E1 – E18 gekennzeichnet.

---

[228] vgl. Mayer (2002), S. 46ff
[229] Atteslander (2002), S. 160

- Definition des Begriffs Wellnessbereich / Spa

Bei dieser ersten Frage zeigten sich bereits Differenzen im Verständnis der Begriffe. Generell ist feststellbar, dass keine eindeutige Definition gefunden werden kann, da diese immer vom jeweiligen Objekt abhängt. Grundsätzlich sprechen Experten von fünf wesentlichen Säulen die vorhanden sein sollten. Des Weiteren ist erkennbar, dass die Experten unterschiedliche Bezeichnungen für einen bestimmten Bereich verwenden, wie z.B. Anwendungsspa, Dienstleistungsbereich und Treatmentbereich. Auf Grund der Größe und Ausrichtung eines Hotels ist der eine oder andere Bereich mehr oder weniger vorhanden. Auffällig ist, dass in diesem Zusammenhang nur vereinzelt die Wörter, Wohlbefinden, Körper, Geist und Seele genannt werden.

E11: „[...] man muss nach dem Hoteltyp unterscheiden, aber grundsätzlich sind die wesentlichen Elemente sicher entsprechende Wasserflächen, [...] Saunalandschaft, Massage und Beauty und ausreichend Ruhe und Wohlfühlbereiche [...]".

E2: „[...] in einem Tagungshotel ist Spa und Wellness anders zu definieren wie im reinen Wellnesshotel".

E3: „Der Spa und Wellnessbereich ist eine Sache wo sich der Gast wohl fühlen muss, es muss für Körper, Seele und Geist etwas vorhanden sein. Elemente die ein Spabereich beinhalten muss, [...] das kommt immer darauf an wie dieser ausgerichtet ist."

Bezogen auf die Größe sind eine Tendenz zu kleineren Wasserflächen und eine Veränderung innerhalb der Bereiche Sauna und Behandlung erkennbar.

E12: „Ein wichtiges Thema, wo viele Fehler in der Vergangenheit gemacht worden sind, ist das Verhältnis der Wasserflächen zu den restlichen Flächen im Wellnessbereich, weil Wasserflächen die teuersten sind. Unsere Empfehlungen gehen zu mehr Liege- und Ruheflächen und den Wasserbereich relativ klein zu halten".

E7: „Das heißt vor 10 Jahren hat man noch tolle Saunen, Dampfbäder gebaut und dem ganzen Bereich Behandlung viel weniger Wert beigemessen als man das heute tut".

E6: „Sauna ist in vielen Ländern in den Hintergrund getreten, nur wir nehmen das nicht so wahr. Selbst die besten, asiatischen Spas, [...] definieren sich zu 80% im Treatmentbereich[...]".

- Verständnis eines ganzheitlichen Spakonzeptes

Durchgehend zeigt sich, dass in der Konzeptentwicklung ein Unterschied eines privat geführten Hotels und einer Hotelkette besteht. In der Regel werden die Konzepte gemeinsam mit den Betreibern entwickelt, welche bereits eine bestimmte Vorstellung und Idee haben. Jedoch ist die Anzahl der Bauherren mit genauer Konzeptvorgabe niedrig, mehrfach schwanken diese zwischen Spa als USP oder Zusatzangebot. Im Gegensatz dazu wollen Hotelketten ein fertiges Spakonzept geliefert bekommen. Nach Aussagen der Experten, machen Hoteliers mehrfach den Fehler nicht mit Fachleuten zusammenzuarbeiten. Oftmals wird zu spät auf Experten zurückgegriffen und Änderungen sind dann kaum mehr möglich. Des Weiteren zeigt sich, dass eine Konzeptentwicklung ein stetiger, strategisch vorausschauend geplanter Prozess sein muss. In diesem Zusammenhang fällt die Zielrichtung und Philosophie des Unternehmens, aber auch die professionelle Begleitung nach Fertigstellung der Anlage.

E11: „Konzepte gibt es sehr viele, jeder spricht von einem Konzept. Im Grunde genommen sollte ein Konzept die klare Philosophie und klare Zielrichtung eines Betriebes festlegen und Zielgruppen und Märkten, Kernkompetenz oder Zusatzangebot definieren".

E2: „D.h. von Deckelmann Wellness kann der Kunde von der Beratung über die Konzeptentwicklung über die Planung, Design und Technik bis hin zur Bauausführung, die im Idealfall schlüsselfertig übernommen wird, und dann in dem Bereich des Betreibens, in Form von Unterstützung des Managements [...]".

E7: „Die ganzheitliche Zusammenarbeit mit dem Architekten, der in der Lage ist, dass was der Consulter im Kopf als Konzept entwickelt für das Haus, 100%ig umzusetzen, nicht nur auf Papier zu bringen, sondern das Spa auch auf- zusperren, im Hotel zu integrieren, erfolgreich zu führen, zu leiten und zu managen[...]".

Nach Aussagen der Experten müssen im Konzept die Hard- und Softwarekomponenten (vgl. 4.1) ausgeglichen sein, um eine Wellnessanlage erfolgreich zu betreiben. Ein ganzheitliches Konzept muss alle Sinne ansprechen. Schlussendlich ist essentiell, dass sowohl der Betreiber als auch seine Mitarbeiter zu 100 Prozent hinter dem Konzept stehen um dieses authentisch verkaufen zu können.

E12: „Das ist das gesamt durchgängige Konzept, Hardware und Software vereint, es bringt nichts die tolle Hardware zu haben, wenn sie mit der Software nicht übereinstimmt und umgekehrt".

E6: „Neben der Hardware, mit Sicherheit das Niveau der Dienstleistung, weil dort stehen wir noch speziell in Mitteleuropa auf Kriegsfuß. [...] in Westösterreich entstehen gigantische Spas von der Hardware, 3.000 - 4.000m², aber das sind ja nur 50%, irgendjemand braucht ein Team um dieses Spa mit Leben zu erfüllen. [...] der Gast hat ein ähnliches Verhalten, [...] weg von der Apparatmethode [...].

E9: „Ein ganzheitliches Konzept setzt [...] voraus, dass das Erleben aller Sinne (Sehen, Hören, Riechen, Schmecken, Fühlen) in allen Bereichen, Räumen und Anwendungen erlebbar ist".

- Bedürfnisse der Auftraggeber

Die Wellnessplaner unterscheiden grundsätzlich zwei Arten von Kunden. Auf der einen Seite gibt es diejenigen, die Spa als separates Profitcenter betrachten und mit Professionalität herangehen. Das sind oftmals Hotelketten bzw. große Wellnesshotels, wo das Spa als USP positioniert ist. Andererseits gibt es jene Kunden, die Wellness nur als Zusatz anbieten und versuchen, die Wellnessanlage über eine Erhöhung der Zimmerpreise zu refinanzieren. In diesem Fall wird mehrfach ohne Vision und Plan an die Sache herangegangen. Das ist auch der Grund warum Konzepte von Betreiber und Wellnessplaner gemeinsam erstellt werden. In diese Kategorie fallen oft die kleinen, privaten Betriebe.

Generell sind die Bedürfnisse der Auftraggeber nicht zu verallgemeinern, da jeder Betrieb in einem bestimmten Entwicklungsstatus steckt und zu unterschiedlichen Zeiten die Beratung eines Wellnessplaners in Anspruch nimmt. Wenn es zu einer Zusammenarbeit kommt, wird auf die Kundenwünsche flexibel eingegangen.

E2: „In der überwiegenden Zahl der Fälle ist es so, dass vor allem im Bereich der Hotellerie das Thema Spa /Wellness gesehen wird, um die Attraktivität und den Profit des Hauses zu erhalten bzw. zu erhöhen. Dementsprechend wird zum Teil stiefmütterlich an die ganze Geschichte herangegangen".

E3: „Es haben zwar viele im Kopf ein fertiges Konzept, aber das ist so wie wenn sie einem Laien ein Haus bauen lassen, dann engagieren sie einen Architekten und der bringt sie durch gezielte Fragen auf komplett neue Konzepte und Ideen".

• Rolle der Architektur

Bei dem Thema Architektur in Wellnessanlagen lässt sich feststellen, dass Hoteliers mehrfach überinvestieren und oftmals erfolgreich geführte Anlagen kopieren, in der Hoffnung, dass ihre Anlage gewinnbringend sein wird. Darüber hinaus entsteht eine Art von Patchworkanlagen, weil Hoteliers nur dann bauen, wenn Geld vorhanden ist und nicht vorausschauend planen. Außerdem wird auch hier der Fehler begangen, dass nicht mit Experten zusammen gearbeitet wird.

E6: „[…] jetzt ist wieder ein bisschen Kohle da, da machen wir ein wenig Wellness […] so entsteht ein Patchwork und spätestens in der dritten Bauphase reißt er die erste wieder weg. […] 80% unserer Kunden sind nicht Leute die ein neues Hotel hinstellen, sonder ein Haus haben und das neu gestalten oder mit einem Spa neu beleben wollen".

E5: „Deutsche und Österreichische Kunden sind sehr erfahren, reisen viel und kennen viel, machen aber auch oft den Fehler, dass sie etwas kopieren und ihre Zielgruppe aber nicht mehr ansprechen".

E2: „Ein Hotelier würde nie hergehen und auf die Idee kommen, die Küche von einem normalen Architekten planen zu lassen, sondern er würde immer zu einem Küchenplaner gehen. Im Bereich Spa und Wellnessanlage wird einfach der normale Architekt […] herangezogen. […] unheimlich viele Fehler gemacht, die Geld kosten".

Nach Aussagen der Experten ist grundsätzlich ein Hotel oder eine Wellnessanlage vorhanden und es wird um- oder dazugebaut. Eine Diskrepanz in der Attraktivität und der Gestaltung des Hotels und des Spas ist erkennbar. Mit dem Umbau ändert sich oftmals die Gästeschicht. Des Weiteren bestätigt sich, dass beim Thema Architektur immer ein Bezug zur Landschaft und Region vorhanden sein muss. Die Einstellung der Betreiber, das persönliches Interesse an Architektur und der Identifikationsgrad sind ausschlaggebend für die Architekturentscheidung.

E1: „[...] viele bauen ja komplett um, um eben das ganze Klientel auszutauschen".

E8: „Das eine sehr wichtige ist immer der Ort, wo das Objekt hinkommt, ob das jetzt eine städtische Situation ist oder ein Ressort im ländlichen Raum. [...] spezielle Orte, die danach verlangen, dass man auf sie eingeht".

E9: „Auch die Einstellung der Auftraggeber und Unternehmer sowie die Identifikationsbereitschaft ist ein großer Anteil der Architekturentscheidung. Das reine Verlassen auf architektonische Elemente, dem Gast Wohlgefühl zu vermitteln wäre eine sehr kurzsichtige, wenn nicht gar einfältige Entscheidung [...]".

- Innendesign - Farbe, Licht, Duft, Klang

Die Innengestaltung einer Wellnessanlage ist im Idealfall projektbezogen und individuell. Eine Tendenz zum minimalistischen Stil ist festzustellen. Jedoch bestätigen die Experten, dass zu kalte und sterile Anlagen nicht das Wohlbefinden des Gastes beeinträchtigen dürfen. Bei einer Thematisierung muss auf die Geschichte des Hauses eingegangen werden. In anderen Worten müssen die Philosophie und die Bedürfnisse der Zielgruppe, sowie der Betreiber berücksichtigt werden.

E6: „[...]nachdem unglaublich viel Fantasywelten entstanden sind, entwickelt man vernünftigerweise zu minimalistischem Design zurück, zu klaren Strukturen, dem Auge wieder die Chance zu geben sich zu erholen. Die Gratwanderung oder die Kunst ist es ja [...] mit klar strukturierten Formensprachen, zurückhaltender Materialgebung mit natürlichen Farbtönen, trotzdem Geborgenheit und Wärme zu produzieren".

E12: „Thematisierung ist ein wichtiger Punkt, generell eine Positionierung und Ausrichtung gilt auch für den Spabereich [...] prinzipiell muss es einfach stimmig sein auch mit dem restlichen Haus, kann aber auch etwas ganz anderes sein, aber es muss in sich auch stimmig sein".

E8: „[...] die Definition des Lebensgefühls, welches man dem Gast vermitteln möchte. [...] es geht darum einen Ort zu schaffen wo man sich findet, wo ein Dialog mit der Natur angeregt wird".

Farben und Farbtherapien werden im Innendesign von Spas bewusst eingesetzt. Es werden Anlagen mit viel Sonnenlicht, d.h. vermehrt am Dach als wie früher im Keller umgesetzt. Darüber hinaus sollte kein Behandlungsraum ohne Tageslicht sein. In diesem Bereich fällt, dass Funktion und Design, Hand in Hand gehen müssen. Ein Experte spricht in diesem Zusammenhang von emotionalem Design.

E6: „[...] Denn die schönste Kabine hilft nichts, wenn sie darin frieren und der schönste Marmor hilft auch nichts, wenn einer mit Schuhen drüber geht und sie sind wach während der Massage. Klima und Akustik gehören zum emotionalen Design und spielen eine große Rolle".

In der Praxis verfügen namhafte Hotelketten über einen eigenen Innenarchitekten und Designvorgaben. Der Berater bzw. Konzeptentwickler übernimmt lediglich die technische und bauliche Leitung.

Bezogen auf die Thematik Farbe, Duft, Licht und Klang kann festgestellt werden, dass oftmals viel zu wenig durchdacht an die Sache herangegangen wird. Feng Shui spielt in diesem Zusammenhang eine untergeordnete Rolle. Feng Shui heißt übersetzt „Wind und Wasser" und ist die chinesische Kunst der Geomantie. In China wird dieses Wissen seit jeher eingesetzt, um den richtigen Standort eines Wohnhauses, sowie dessen Raumgestaltung zu wählen (vgl. 4.6.1).

E11: „Farbe, Licht, Duft und Klang gewinnt immer mehr an Bedeutung, wobei nur die Profis sich damit intensiv auseinander setzen. In kleinen Anlagen, Familienbetrieben noch wenig Einzug gehalten. [...] finanzielle Geschichte [...] Spreu und Weizen trennen sich hier sehr stark".

E7: „Ich bin nicht die Beraterin die hergeht und sagt, machen wir alles nach Feng Shui, weil der Gast teilweise verschrocken wird. Das spricht ein gewisses Klientel an, aber nicht das Durchschnittsklientel".

- Trends

Durchgehend zeigt sich der Trend zu Medical Wellness (vgl. 4.7), sowie zur Natur. Dies wird durch Einsatz von Naturmaterialien, wie Lehm, Holz und Stein, sowie durch große Glasflächen erreicht. Ebenso sind Grünflächen (Gärten), wenn aus baulichen Gegebenheiten möglich, immer öfters in Wellnessanlagen zu finden.

E5: „Trend ist ganz klar der medizinische, wenn dann aber zu 100% Medical Spa mit Ärzten, Bespiel Lanserhof. [...] couple treatments, Doppelkabinen. [...] Trend geht zu mehr Natur und Grünflächen, weil Gäste oft mehr Städter sind".

Die Mehrheit der Experten bestätigt den Trend zu großzügigen Anlagen, wie auch zu Anwendungen in Doppelkabinen, so genannter Spa suiten. Bei der Frage nach den Trends ist eine Besonderheit aufgetreten. Nur je ein Experte spricht von den Thematiken Kinder Spas, Kundenbindung sowie von vermehrten Einsatz von Spamanagern.

Kinder Spas sind kindergerecht aufgebaute Bereiche in Wellnessanlagen, welche mit einem Elternteil besucht werden können. Es werden Erlebniselemente wie Grottengang mit Wasserfall, verschiedene Düfte und Berührungsbereiche eingesetzt. Zukünftig werden Kinder Spas eine immer größer werdende Rolle spielen, da die Kinder einerseits relativ früh an das Thema herangeführt werden und andererseits sind Stress und Anspannung schon im Schulalter vorhanden.

E11: „Ansonsten geht der Trend zu großzügigen Liegeflächen. Das Thema pro Bett einer Liege ist ein Muss in solchen Anlagen, wir merken sogar dass es zwei Liegen pro Bett sind, weil der Gast links und rechts entsprechenden Freiraum haben will. Eine Herausforderung große Flächen zu Verfügung zu stellen, was aus Kostengründen oft nicht möglich ist."

E2: „Einmal gibt es einen Trend, den ich immer gerne bezeichne als klassisch statt Masse. In den vergangen 10-15 Jahren wurde die Qualität von Spa/Wellness ja oftmals nach der Mehrheit der Attraktionen beurteilt. [...] Heute dreht sich die ganze Geschichte, es geht nicht mehr darum möglichst viel aneinander zu reihen, sondern das was man anbietet auch in der Tiefe anzubieten".

- Wohlfühlen des Gastes

Bei der Frage nach den entscheidenden Faktoren für das Wohlbefinden eines Gastes in einer Wellnessanlage, wird am häufigsten das Service genannt. Dazu zählen die persönliche Betreuung durch das Personal, die Übersichtlichkeit und die Orientierung in einer Anlage. Des Weiteren muss dem Gast einerseits eine gewisse Privatsphäre gewährleistet sein, andererseits möchte dieser, dass man auf ihn und seine Bedürfnisse eingeht. In diesem Zusammenhang spielt das Berühren eine wesentliche Rolle. Jedoch wird auch die Wichtigkeit der Architektur und der Ausstattung genannt, welche mitverantwortlich für das Wohlfühlen eines Gastes in einer Wellnessanlage ist.

E9: „Das Wohlgefühl des Gastes setzt ehrliche, authentische und stimmige Kompetenz voraus, sodass sich der Gast ungestört mit sich selbst einlassen kann. [...] der Hotelier oder Wellnessbetreuer kann nur die Voraussetzungen schaffen, dass sich der Gast wohlfühlt, aktivieren muss der Gast das Wohlgefühl aus sich selbst heraus [...]".

E7: „Die Wertigkeit der Hardware muss genauso wie die der Angebote sein, [..] man muss wissen wie man mit dem Gast umgeht, ihn begrüßt, ihn berührt [...] die persönliche Wertschätzung ist mindestens gleich wichtig wie die Hardware".

E8: „Die Funktion ist, dass ich mich wohl fühle und zu diesem Wohlfühlen müssen dort meiner Meinung nach ein paar Dinge sein, die ich zu Hause nicht habe. Dinge, die generell in einem Hotel anders sein sollen als zu Hause. Die vielleicht unpraktischer sind, in dem Sinn dass ich sie zu Hause gar nicht haben möchte, weil ich eine Glaswand im Badezimmer nicht putzen will [...] Ich erwarte mir dass Dinge da sind, Inszenierungen da sind, Überraschungen da sind [...]".

- Zusammenarbeit mit Fachplanern

Die Mehrheit der Experten bestätigt, dass eine Zusammenarbeit mit Fachleuten sehr wichtig ist. Abhängig von der Größe des Unternehmens kommt es zu verschiedenen Kooperationen. Die großen Wellnessplaner haben oftmals Architekten, Innendesigner, Ingeneure und Techniker selbst im Haus. Firmen, die z.B. Saunen oder andere Anlagen herstellen, arbeiten bei Projekten mit Wellnessplaner und Architekten zusammen. Durchgehend zeigt sich, dass die einzelnen Firmen über ein Netzwerk an Fachleuten verfügen.

E9: „In der Wertschöpfungskette der Projektentwicklung bedarf es aufgrund der technischen-, bauphysikalischen- und funktionellen Ausbauintensität sehr vieler Spezialisten und je nach Größenordnung und Klarheit des Konzeptes einer interdisziplinären Zusammenarbeit [...]".

E4: „Wellnesseinrichtungen sind nicht so leicht zu bewerkstelligen wie ein normaler Hotelbau, man muss auf einer gewissen Basiskompetenz aufbauen [...] mit Leuten zusammenarbeitet, mit denen man schon Projekte gemacht hat".

- Schwierigkeiten welche in der Planungs- und Bauphase auftreten

Allgemein zeigt sich, dass Schwierigkeiten durch eine strategische Planung im Vorfeld vermieden werden können. Oftmals sind die Größenanforderungen und Wunschvorstellungen der Betreiber nicht finanzierbar. Deshalb ist eine exakte, ehrliche Budgetierung bei der Planung einer Wellnessanlage sehr wichtig. Funktion und Design müssen zusammen geführt werden, aber auch Themen wie Logistik, Gästefluss, Personalwege, Energieverbrauch und Haustechnik müssen beachtet werden. Mehrfach werden Budgets zu knapp bemessen und letztendlich bleibt für die Innenarchitektur zu wenig Geld übrig.

E8: „Prinzipiell ist es so, je länger die Planung und durchdachter das Konzept ist, desto leichter bekommt man es umgesetzt. Die Schwierigkeiten entstehen dort, wo eine Ausschreibung, eine Planung vage ist [...]".

E1: „Speziell aus früheren Generationen, man muss sehr viel Energie und Beratungsarbeit leisten um den Bauherrn auf die richtige Linie zu bringen. Grundsätzlich werden neue Ideen von außerhalb als schlecht abgetan, auch ein Ost-West Gefälle ist bemerkbar".

E11: „[...] die berühmten Reisen, man schaut sich einiges an und enorme Anforderungen entstehen. [...] Das Leiden des Betriebsberaters, der dann dazukommt und sagen muss dass die Umsetzung nicht möglich ist".

Die Schwierigkeiten in der Bauphase liegen meist in der Bauzeitverzögerung und im Bereich der Haustechnik. Auf Grund des technischen Fortschrittes werden in Wellnessanlagen immer mehr Steuerungen und Automatisierungen eingebaut. Deshalb wird die Haustechnik bevorzugt an regionale Fachplaner vor Ort vergeben, um den Betreiber die Problembehebung zu erleichtern.

Generell müssen Schnittstellen mit den jeweiligen Verantwortlichkeiten schriftlich definiert werden. Ein interessanter Punkt ist der genannte Termindruck. Oft werden Umbauten zwischen zwei Saisonen durchgeführt und die Einrichtungen können nicht in den notwendigen Probebetrieb gehen. Es werden Kompromisslösungen eingegangen und die Folge ist eine erschwerte Betriebsführung.

E4: „Die Schnittstellenprobleme entstehen im Regelfall nach meiner Erfahrung im Bereich der Haustechnik sehr schnell. [...] Schnittstellen im Vorhinein ausgesprochen werden, schriftlich festgehalten und dann vermeidet man eigentlich diese Probleme".

• Nachhaltigkeit in Wellnessanlagen

In Bezug auf das Thema der Nachhaltigkeit in Wellnessanlagen gehen die Meinungen der Experten auseinander. Einerseits werden vermehrt ökologische Maßnahmen getroffen, wie der Einsatz von natürlichen Materialen und alternativen Energieformen, wie Solarenergie, Brauchwasseraufbereitung und Energierückgewinnung. Jedoch ist der Einsatz bei kleineren Betrieben aus Kostengründen oft nicht möglich. Darüber hinaus sind Saunalandschaften und Wasserflächen keine Energiespargeräte und auf Grund der Gästebedürfnisse auch langen Betriebszeiten ausgesetzt. Das Bäderhygienegesetz (vgl. 4.6.4) ist die Grundvoraussetzung für die Qualität und Sicherung einer Wellnessanlage. Die Einhaltung der Auflagen liegt jedoch in der Verantwortung der jeweiligen Betreiber.

E4: „Energie spielt eine sehr große Rolle, weil ich meine es ist ja wirklich nicht von der Hand zu weisen, dass hier in diesem Bereich entsprechend viel Energie verwendet und umgewandelt wird".

E8: „Was wahrscheinlich eine Verbesserung brächte [...] sind Energieausweise und ökologische Bewertungen der Gebäude. Energieausweis bedeutet, dass die Baukosten zu den haustechnischen Kosten bewertet werden von Spezialisten nach ihrer Energieeffizienz".

- Rolle der Kommunikation

Grundsätzlich sind bei der Frage nach der Rolle der Kommunikation nur wenige Unterschiede in den Aussagen der Experten aufgetreten. Allgemein verbindend steht eine produktive Kommunikation für den Erfolg des Projektes.

Dazu zählen eine Vertrauensbasis zwischen Auftraggeber und Projektteam, sowie regelmäßige Projektbesprechungen. Dennoch wird mangelhafte Kommunikatikon zwischen Menschen als häufigste Fehlerquelle genannt. Oftmals prallen unterschiedliche Welten und Ansichten der beteiligten Projektpartner aufeinander. In Geld- und Leistungsfragen steckt zwangsläufig Konfliktpotenzial. Letztendlich entscheidet der Hotelier oder Betreiber einer Wellnessanlage über die Zusammenarbeit mit einem Wellnessplaner, wobei mehrfach Kompromisslösungen eingegangen werden.

Ein Experte stellt hier zur Diskussion, dass die Hauptproblematik darin liegt, dass die Menschen nicht mehr mitdenken bei der Verrichtung ihrer Arbeit. Der Ausführende auf der Baustelle hat keine Ahnung mehr vom Erstkonzept und verrichtet stur seine Arbeit. Eine Abhilfe hierbei wäre eine gute Baukoordination und Bauaufsicht.

E9: „Kommunikationsqualität ist der Multiplikator eines Unternehmenserfolges".

E17: „Kommunizieren tut man nicht nur über Wörter, sondern auch über Energie. [...] gibt es keine Missverständnisse, das ist das Geheimnis eines ganzheitlichen Konzeptes".

E2: „Das Thema der Kommunikation ist vor allem im Bereich der Konzept- und Planungsphase unheimlich hoch, weil dort wird eigentlich der Erfolg eines Spa und Wellnessbereiches begründet".

E6: [...] Kommunikationsprobleme, die größte menschliche Schwäche [...] In Projekten wo mehrere Haustechniker, Architekten und Designer zusammenarbeiten entstehen, wie bei stiller Post, Fehlerquellen".

Mit der Rolle der Kommunikation ist die Zusammenfassung der wichtigsten Aussagen der Experten abgeschlossen. Im nächsten Kapitel wird die entsprechende Theorie miteinbezogen und eine argumentativ interpretierte Darstellung der Ergebnisse vorgenommen.

5.3 Interpretation und Hypothesengenerierung

Inhalt dieses Abschnittes ist es, die zusammengefassten Ergebnisse zu interpretieren um somit induktiv auf eine allgemeingültige Theorie schließen zu können. Eine Theorie ist jedoch keine Abbildung von Fakten, sondern eine relative und vorläufige Perspektive, in der die Welt gesehen wird. Die daraus gewonnenen Hypothesen sind empirische Generalisierungen, d.h. allgemeingültige Aussagen im Sinne von vorläufig gültigen Versionen.[230] Demzufolge möchte die Autorin nochmals daraufhin weisen, dass die vorliegenden Ergebnisse nicht repräsentativ sind, sondern nur einen Ausschnitt der sozialen Wirklichkeit widerspiegeln.

Die zielgesetzte Hauptforschungsfrage dieser Arbeit wird nun mit Hilfe der gewonnen Ergebnisse und unter Einbezug der entsprechenden Theorie beantwortet.

- Nach welchen Kriterien wird ein ganzheitliches Konzept für eine Wellnessanlage erstellt und wird hierbei auf den holistischen Ansatz der Wellnessphilosophie eingegangen?

Auf Grund der Ergebnisse wurde sichtbar, dass die ausschlaggebenden Kriterien zur Erstellung eines **ganzheitlichen Wellnesskonzeptes** mit verschiedenen Argumenten begründbar sind. Generell zeigten sich Unterschiede in der Konzepterstellung im Bereich der Hotelketten und der privat geführten Häuser.

Einerseits liegen die Kriterien in der mangelnden Vision und Positionierung der Hotels. In anderen Worten muss geklärt werden, ob der Wellnessbereich als USP und somit als Profitcenter oder als Zusatzleistung gesehen wird. Im letzteren Fall wird angenommen, dass die Investition über eine Erhöhung der Zimmerpreise refinanziert wird. Die Aufgabe für die Wellnessplanung besteht in einer gemeinsamen Entwicklung des Konzeptes.

Andererseits hat der Wellnessplaner bei Hotelketten weitgehend freie Hand, oftmals in Kooperation mit einem Architekten und Designer des Hotels. Allgemein verbindend wurde die fehlende Bereitschaft von Hoteliers für eine Zusammenarbeit mit Experten festgestellt.

---

[230] Mayer (2002), S. 23

Des Weiteren lässt sich erkennen, dass noch immer **Überinvestitionen** in die Hardware getätigt werden, obwohl für das Wohlbefinden des Gastes das Service an erster Stelle steht. Kopien von Anlagen entstehen, eine Diskrepanz in der Ausstattung und Gestaltung der Hotelzimmer sowie des Spabereichs sind deutlich erkennbar. Die Wellnessanlagen nehmen gigantische Größen an, aber es stellt sich die Frage, mit welchem Aufwand und Kosten solche Anlagen betrieben werden müssen.

Bezogen auf die **Innenarchitektur** wurde die Tendenz zum Minimalistischen Stil deutlich sichtbar. Da Architektur jedoch dem Gesetz der Zeit unterliegt, stellt sich die Frage wie lange es dauern wird, bis ein neuer Stil in den Wellnessanlagen Einzug findet. Farbe, Duft, Klang und Licht sind wichtige Elemente in der Innengestaltung, aber es kristallisierte sich heraus, dass diese oft nur halbherzig und wenig durchdacht eingesetzt werden.

Ingesamt zeigte sich, dass die Betreiber und ihre Mitarbeiter unbedingt hinter dem Projekt stehen müssen. Ist dies der Fall, können Trends mit einbezogen werden, solange ein **Identifikationsgrad** des Teams gegeben ist. Generell wird auf die Wünsche des Betreibers eingegangen, denn letztendlich entscheidet er über eine Zusammenarbeit.

Darüber hinaus ist festzustellen, dass die **Zusammenarbeit mit Fachleuten** sowie die Kommunikation eine sehr wichtige Rolle bei der Konzepterstellung spielen. In den letzten Jahren ist eine Steigerung der Wellnessplaner am Markt festzustellen. Durchgehend zeigt sich, dass alle Firmen mit Referenzen umgesetzter Wellnessanlagen sowie deren Bildern auf ihrer Website werben. Dadurch werden neue Aufträge lukriert, dennoch ist eine Kluft in der Professionalität der Firmen erkennbar. Generell muss zwischen Produktfirmen, Planern und Beratern unterschieden werden. Im Idealfall sollte die Firma eine Gesamtleistung von Konzepterstellung bis hin zum Management der Wellnessanlage anbieten.

Auf den **holistischen Ansatz der Wellnessphilosophie**, nämlich Körper, Geist und Seele in Einklang zu bringen, wird insofern eingegangen, dass darauf geachtet wird, alle Sinne des Menschen anzusprechen. Auch die festgestellte Größenveränderung, in den Bereichen Sauna und Anwendung, zeigt, dass vermehrt versucht wird auf das Wohlbefinden des Gastes einzugehen. Demgegenüber bleibt zu bemerken, dass energetische Bauweisen wie Feng Shui kaum bis gar keine Rolle spielen.

Zusammenfassend betrachtet wurde deutlich, dass es eine Frage der **Höhe der Investition** und der **Größe des Hotels** sowie der **Einstellung des Betreibers** ist, wie professionell an die Konzepterstellung eines Wellnessbereiches herangegangen wird. Darum ist die Herausforderung zur Erstellung von ganzheitlichen Konzepten ein noch lange nicht erschöpftes Thema für die Zukunft. Nicht zuletzt deshalb, weil das Verständnis für den Begriff des ganzheitlichen Denkens und Handelns noch nicht klar ersichtlich ist.

In Bezug auf die soeben vorgenommene Interpretation lässt sich die folgende Hypothesengenerierung ableiten:

Architektur schafft Raumgefühl und Atmosphäre und kann als Positionierungsmerkmal dienen, stellt aber nur einen Teilbereich von Wellness dar. Deshalb müssen ganzheitliche Konzepte einerseits die Aspekte Personal- und Qualitätsmanagement sowie Finanzierung und Vermarktungsstrategien mit einbeziehen und andererseits muss in der österreichischen Hotellerie eine Bewusstseinsbildung für die Zusammenarbeit mit Experten/Fachleuten stattfinden.

6 PERSÖNLICHE SCHLUSSFOLGERUNG UND AUSBLICK

Die Herausforderung zur Erstellung ganzheitlicher Konzepte in Wellnessanlagen stellt einen komplexen Themenbereich dar. Im Zuge der Recherche und Verfassung dieser Arbeit wurden laufend neue Erkenntnisse gewonnen.

Zum einen wurde deutlich, dass die Architektur, also die Hardware, einen hohen Stellenwert bei der Konzeptionsplanung einnimmt. Architektur schafft nicht nur Raumgefühl und Atmosphäre sondern kann auch als Positionierungsmerkmal in dem Überangebot identischer Leistungen eingesetzt werden. Zum anderen stellte sich heraus, dass Service und Qualität der Behandlungen mitentscheidend für das Wohlbefinden des Gastes sind. Der Wellnessgast von heute möchte, dass man auf ihn eingeht. Aufgrund des zunehmenden Alltagsstress und der steigende Zahl der Singles, will der Gast berührt werden. Denn Wärme auf Haut und Körper verhelfen dem Menschen zu einem Wohlgefühl.

Daraus lässt sich ableiten, dass die Wellnessplanung der Zukunft dem Kunden ein ganzheitliches Konzept anbieten muss. Wobei unter dem Begriff „ganzheitlich" die Meinungen in der Branche noch auseinander gehen. Die Erfolgsfaktoren liegen in einer fundierten Konzeptentwicklung und Planung, einem „Spabriefing", d.h. dem anzubietenden Behandlungskonzept, sowie dem Personal- und Qualitätsmanagement, der Finanzierung und der Vermarktungsstrategie. Zu unterstützen sind langfristig und strategisch erstellte Konzepte, welche sich nachhaltig auf den Betrieb und die Region auswirken.

Zukünftig wäre wünschenswert die **Bewusstseinsbildung** bei den Betreibern und Hoteliers dahin gehend zu fördern, vermehrt mit Experten und Fachleuten zusammen zuarbeiten. Wie sich zeigt, eifern die Betreiber oft Wunschvorstellungen nach und kopieren Anlagen erfolgreicher Häuser. In der Praxis kann so eine Art der Konzeption jedoch nicht langfristig funktionieren. Das Problem liegt darin, dass Berater und Planer nur bis zu einem gewissen Grad Einfluss haben, denn letztendlich entscheidet der Betreiber oder Hotelier. Des Weiteren müssen **ehrliche Budgets** erstellt werden und auf die Investitions- und Instandhaltungskosten aufmerksam gemacht werden. Die Finanzierung hat schon oft zu Schwierigkeiten geführt, denn wie Studien beweisen, wird in Österreich kaum eine Anlage profitabel geführt.

Prognosen weisen auf den stattfindenden **Generationenwechsel** in der Hotellerie hin. Viele Hoteliers stehen vor der Entscheidung ihren Betrieb umzubauen. Die jüngere, nachrückende Generation hat zum Thema der zeitgenössischen Architektur einen anderen Zugang. Die Gründe liegen in der Veränderung des Wohnstils, der Lebensgewohnheiten und zunehmenden Individualisierung der Menschen. Wenn Architektur im Wellnessbereich sinnvoll eingesetzt werden soll, dann muss vermehrt auf energetische Bauweisen und Nachhaltigkeit eingegangen werden. Im Fall eines Neubaus stellt die Auswahl der Lage und des Bauplatzes eine grundlegende Entscheidung dar.

Die offensichtliche Steigerung der Anzahl an Wellnesshotels, laut Relax Guide 2007 sind es um die 800 in Österreich[231], führte zu einem Überangebot am Markt. Ein Faktor, der dieses Phänomen beeinflusst, ist der Klimawandel. Bezogen auf den Wintertourismus bestätigen Hoteliers jetzt schon, dass ohne Wellness als Zusatzangebot kaum eine Chance bestünde zu überleben.[232] Trotzdem ist anzunehmen, dass in der Masse an Angebotsvielfalt die Profis, wie in jeglicher anderen Branche, noch besser werden. Es wird eine Auslese der Besten stattfinden, ganz nach dem System der natürlichen Selektion, welche Charles Darwin bereits 1858 begründete. Eine mögliche Lösung wäre die Bewusstseinsbildung für das Verständnis der **Wellnessphilosophie** und der **Ganzheitlichkeit** von Konzepten zu steigern.

Die vorliegende Thematik der Arbeit ermöglicht die verschiedensten Bearbeitungen für die Zukunft. Als Vorschlag für weiterführende Forschung auf diesem Gebiet wäre eine Gästebefragung, bei der festgestellt werden könnte, ob Architektur als Entscheidungsfaktor für den Besuch einer Wellnessanlage zu sehen ist.

---

[231] vgl. Relax Guide (2007), o.S.
[232] vgl. Kranjec (2006), S. 64

Literaturverzeichnis

Bücher und Kapitel in Herausgeberwerken

Achleitner F. (1997); Region, ein Konstrukt? Regionalismus, eine Pleite?; Basel: Birkhäuser – Verlag für Architektur

Arge creativwirtschaft austria (2006); homo creativus austriacus II. Kreativität im Tourismus; Wien: Wirtschaftskammer Österreich

Atteslander P. (2006); Methoden der empirischen Sozialforschung; 11.Aufl.; Berlin: Erich Schmidt Verlag

Bachleitner R., Penz O. (2004); Körper als Erlebnisort des Ichs; in: Kagelmann H., Bachleitner R., Rieder M. (Hrsg.); Erlebnis Welten. Zum Erlebnisboom in der Postmoderne; München/Wien: Profil Verlag, S. 151-159

Becker C., Brittner A. (2003); Wellness-Tourismus in Deutschland und den USA – ein Vergleich; in: Voyage – Jahrbuch für Reise- und Tourismusforschung. Schwerpunktthema: Körper auf Reisen; Band 6, Köln: DuMont Buchverlag, S. 78-89

Bourdieu P. (1982); Die feinen Unterschiede. Kritik der gesellschaftlichen Urteilskraft; 11.Aufl., Frankfurt am Main: Suhrkamp Verlag

Chalupa M. (2001); Warum ist Wellness wichtig? Motivation und Konsumentenverhalten; Wien: WUV-Univ.-Verlag

Dunn H.L; (1961); High Level Wellness; 9.Aufl., Arlington: R.W. Beatty, Ltd.

Eberle B. (2004); Wellness und Gesundheit als Marketingimpuls. Wie Sie den Megatrend für Ihre Produkte nutzen; Frankfurt: Redline Wirtschaft

Garstenauer G. (2002); Interventionen; Salzburg: Verlag Anton Pustet

Grötsch K. (2006); Design und Architektur als Instrumente der Innovation im Tourismus; in: Pikkemaat B, Peters M., Weiermair K. (Hrsg.); Innovationen im Tourismus; Berlin: Erich Schmidt Verlag, S. 277-287

Grötz S., Quecke U. (2006); Balnea. Architekturgeschichte des Bades; Marburg: Jonas Verlag

Heller E. (2004); Wie Farben wirken. Farbpsychologie, Farbsymbolik, Kreative Farbgestaltung; 12. Aufl., Reinbek bei Hamburg: Rowohlt Verlag

Henning Ch. (1997); Reiselust. Touristen-Tourismus-Urlaubskultur; Baden-Baden: Nomos Verlagsgesellschaft

Horx M. (1999); Die acht Sphären der Zukunft. Ein Wegweiser in die Kultur des 21.Jahrhunderts; Wien/Hamburg: Signum-Verlag

Horx-Strathern O., Horx M., Gaspar C. (2001); Was ist Wellness? – Anatomie und Zukunftsperspektiven des Wohlfühl-Trends; Kelkheim: Zukunftsinstitut

Horx M. (2005); Der Selfness Trend. Was kommt nach Wellness? Trenddossier; Kelkheim: Zukunftsinstitut

Jordan H. (2004); Räume der Kraft schaffen. Der westliche Weg ganzheitlichen Wohnens und Bauens; Baden/München: AT Verlag

Joehnk P. (2002); Inhalt löst die Kulisse ab. Ein Plädoyer für echte, ehrliche Konzepte; in: in: Richter B., Pütz-Willems M. (Hrsg.); Wellness und Wirtschaft. Professionell und Profitabel; Augsburg: Verlag Michael Willems, S. 154-157

Krempel O. (2006); Produktionen für Kur- und Wellnessbetriebe; in: Krczal A., Weiermair K. (Hrsg.); Wellness und Produktentwicklung: Erfolgreiche Gesundheitsangebote im Tourismus; Berlin: Erich Schmidt Verlag, S. 25-47

Lanz Kaufmann E. (1999); Wellness-Tourismus. Marktanalyse und Qualitätsanforderungen für die Hotellerie – Schnittstellen zur Gesundheitsförderung; Bern: Forschungsinstitut für Freizeit und Tourismus der Universität Bern

Lanz Kaufmann E., Steller J. (2005); Aktuelle Entwicklungin im deutschsprachigen Wellnesshotel Markt; in: Bieger T., Laesser C., Beritelli P. (Hrsg.); Jahrbuch der Schweizerischen Tourismuswirtschaft 2004/2005, S. 193-207

Ludgen R. (2002); Gegen planlose Wellness; in: Richter B., Pütz-Willems M. (Hrsg.); Wellness und Wirtschaft. Professionell und Profitabel; Augsburg: Verlag Michael Willems, S. 61-125

Mayer H. (2002); Interview und schriftliche Befragung: Entwicklung, Durchführung und Auswertung; München: Oldenbourg Verlag

Mayring Ph. (2002); Einführung in die qualitative Sozialforschung. Eine Anleitung zum qualitativen Denken; Weinheim/Basel: Beltz Verlag

Mende G. (2003); Farbe und Feng Shui. Raumgestaltung mit den fünf Elementen. Ein Arbeits- und Projektbuch; München: Callwey

Morris E. (1993); Düfte: Kulturgeschichte des Parfüms; Düsseldorf: Walter Verlag

Nahrstehdt W. (2002); Wellness im Brennpunkt. Wissenschaftliche Betrachtung eines jungen Marktes; in: Richter B., Pütz-Willems M. (Hrsg.); Wellness und Wirtschaft. Professionell und Profitabel; Augsburg: Verlag Michael Willems, S. 10-22

Nefiodow L.A. (2001); Der sechste Kondratieff. Wege zur Produktivität und Vollbeschäftigung im Zeitalter der Information; 5.Aufl., Sankt Augustin: Rhein-Sieg-Verlag

Neuhaus G. (2005); Der Mensch im Mittelpunkt; in: Geiger A., Gindhart Th., Neuhaus G., Rauch J., Ritter S., Schleinkofer G. (Hrsg.); Unternehmen Wellness. Handbuch für Betriebe der Wellness und Medizinischen Wellness; Lengerich: Pabst Science Publishers, S. 19-44

Parikh J. (1994); Managing Your Self. Streßfrei und gelassen auf dem Weg zur Spitzenleistung; Wiesbaden: Gabler

Popcorn F. (1992); Der Popcorn Report. Trends für die Zukunft; München: Wilhelm Heyne Verlag

Reiter A. (2002); Das Entschleunigungselexier. Wellness als Flucht aus der Burn out Falle; in: Richter B., Pütz-Willems M. (Hrsg.); Wellness und Wirtschaft. Professionell und Profitabel; Augsburg: Verlag Michael Willems, S. 180-182

Ritter S. (2005a); Der Weg in die Gesundheits-Wellness-Gesellschaft; in: Geiger A., Gindhart Th., Neuhaus G., Rauch J., Ritter S., Schleinkofer G. (Hrsg.); Unternehmen Wellness. Handbuch für Betriebe der Wellness und Medizinischen Wellness; Lengerich: Pabst Science Publishers, S. 11-18

Ritter S. (2005b); Betriebskonzepte der Zukunft; in: Geiger A., Gindhart Th., Neuhaus G., Rauch J., Ritter S., Schleinkofer G. (Hrsg.); Unternehmen Wellness. Handbuch für Betriebe der Wellness und Medizinischen Wellness; Lengerich: Pabst Science Publishers, S. 223-240

Ritter S. (2005c); Wellness und Ökologie; in: Geiger A., Gindhart Th., Neuhaus G., Rauch J., Ritter S., Schleinkofer G. (Hrsg.); Unternehmen Wellness. Handbuch für Betriebe der Wellness und Medizinischen Wellness; Lengerich: Pabst Science Publishers, S. 217-221

Romeiß-Stracke F. (2002); Mit Power in die ICH-AG. Wellness – Gesundheit -Lifestyle als gesellschaftliche Strömung; in: Richter B., Pütz-Willems M. (Hrsg.); Wellness und Wirtschaft. Professionell und Profitabel; Augsburg: Verlag Michael Willems, S. 23-26

Romeiß-Stracke F. (1998); Tourismus – gegen den Strich gebürstet. Essays; München/Wien: Profil Verlag

Rulle M. (2004); Gesundheitstourismus in Europa: Entwicklungstendenzen und Diversifikationsstrategien; in: Becker C., Hopfinger H., Steinecke A. (Hrsg.); Geographie der Freizeit und des Tourismus: Bilanz und Ausblick; 2. Aufl., München/Wien: Oldenbourg Verlag, S. 225-236

Sator G. (2005); Feng Shui. Die Kraft der Wohnung entdecken und nutzen; München: Gräfe und Unzer Verlag

Schleinkofer G. (2005); Kernangebote der Wellnessdienstleistungen; in: Geiger A., Gindhart Th., Neuhaus G., Rauch J., Ritter S., Schleinkofer G. (Hrsg.); Unternehmen Wellness. Handbuch für Betriebe der Wellness und Medizinischen Wellness; Lengerich: Pabst Science Publishers, S. 55-123

Schletterer H. (2006); Design und Ästhetik von Wellnessanlagen; in: Krczal A., Weiermair K. (Hrsg.); Wellness und Produktentwicklung: Erfolgreiche Gesundheitsangebote im Tourismus; Berlin: Erich Schmidt Verlag, S. 145-152

Schneider M. (2005); Architektur und Innovation; in: Pechlaner H., Tschurtschenthaler P., Peters M., Pikkemaat B., Fuchs M. (Hrsg.); Erfolg durch Innovation. Perspektiven für den Tourismus und Dienstleistungssektor; Wiesbaden: Deutscher Universitätsverlag, S. 479-489

Steinbach J. (2004); Erlebnisorientierung im Gesundheits- und Wellnesstourismus; in: Kagelmann H., Bachleitner R., Rieder M. (Hrsg.); Erlebnis Welten. Zum Erlebnisboom in der Postmoderne; München/Wien: Profil Verlag, S. 47-65

Ulrich H. (1988); Anleitung zum ganzheitlichen Denken und Handeln: ein Brevier für Führungskräfte; Stuttgart: Verlag Paul Haupt Berne

Wang N. (2005); Tourismus und Körper. Soziologische Bemerkungen; in: Voyage – Jahrbuch für Reise- und Tourismusforschung. Schwerpunktthema: Körper auf Reisen; Band 6, Köln: DuMont Buchverlag, S. 127-133

Weiermair K., Fuchs M. (2002/2003); Architektur im Tourismus oder Tourismus der Architektur; in: Bieger T., Laesser C. (Hrsg.); Jahrbuch 2002/2003 Schweizerische Tourismuswirtschaft; Universität St. Gallen

Artikel, Schriftenreihen und Vorträge

AHHA (2003); Wellness form within: the first Step; Anaheim: American Holistic Health Association

BMWA (2006); Nachhaltiges Bauen im Tourismus. Leitlinien; Wien: Bundesministerium für Wirtschaft und Arbeit, Sektion V – Tourismus und Historische Objekte

Huber T. (2006); Health Tourism Terminology in: Skripten zur Vorlesung Health Tourism SS 2006, FH IMC Krems

Kielstein H. (2006); Trockenbau-Technologie in Schwimmbädern und Wellnessanlagen; in: Deutsche Bauzeitschrift Nr. 11

Klein M. (2006); Profilierung und Differenzierung im Wettbewerb der Wellnesshotellerie. Authentische und innovative USP's auf 1,763m. in: Hotel-Symposium 2006 Future Tourism. Nischenprodukte als Erfolgsgarant im Tourismus, Michaeler und Partner, 19.10.2006

Krißmer H. (2004); Wellness planen und bauen, ohne es zu leben, ist eine riskante Strategie; in: WellHotel 2.Jg., Nr. 3, S. 22-23

Leiminger K. (2006); Feng Shui fürs Hotel. Zeitgemäß interpretiert; in: Wellhotel, 4.Jg., Nr.12, S. 130-131

Marktl W. (2000); Die Kur im Spannungsfeld zwischen Krankheitsbehandlung und gesundheitsbetonten Uralub; in: Zins A. (Hrsg.); Kur – Gesundheit – Tourismus. Projektionen ins 3.Jahrtausend; Band 13, Wien: ÖGAF, S. 38-48

Martin R. (2005); Der Geheimnis großer Wellnesskunst; in: Hotel&Touristik Nr.5, S. 56ff

Martischnig A. (2002/2003); Mit Architektur wohl fühlen; in: Konstruktiv Nr. 234, S.23

Müller H., Lanz E. (1998); Wellnesstourismus in der Schweiz. Definition, Abgrenzung und Angebotsanalyse; in: Tourismus Journal, 2.Jg., Nr. 4, S. 477-494

Nahrstehdt W. (1999); Wellness, Fitness, Beauty, Soul. Angebotsanalyse von deutschen Kur- und Urlaubsorten; in: Heilbad und Kurort, 51.Jg., Nr. 12, S. 367-374

Opaschowski H. (1987); Sport in der Freizeit: Mehr Lust als Leistung. Auf dem Weg zu einem neuen Sportverständnis; in: Schriftenreihe zur Freizeitforschung, Band 8; Hamburg

Pichler K. (2006); Was ist Wellness?; Vortrag von Kohl und Partner im Rahmen des Seminars „Wellness - Stressless" im Quellenhotel Bad Waltersdorf am 19. November 2006

Pezzei I. (2006); Wellness bauen heute, Seminar Erfolgsfaktor Wellness, Michaeler und Partner, 27.März 2006

Rizzato D. (2006); ÖHV Praktikerseminar „Wie der Wellnessbereich profitabel wird" im Rahmen der Messe GAST in Salzburg am 13.November 2006

Schletterer H. (2006), Vortrag Schletterer im Rahmen des Seminars „Wellness - Stressless" im Quellenhotel Bad Waltersdorf am 20. November 2006

Zeitungsberichte

Bahrer-Fellner I. (2006); Wellness-Weltreise mit Wermutstropfen; in: Kurier 26.November 2006, S. 48

Deix J. (2006); Die Reise ins Ich; in Freizeit, Kurier, kein Datum

Wejwar S. (2007); trashing oder tres chic; in: Die Presse, 05. Jänner 2007, S. R3

Diplomarbeiten und Dissertationen

Kranjec C. (2006); Wellness in Österreichischen Wintersport Resorts. Ein Pullfaktor für den Sportgast; wirtschaftswiss. Dipl. Arb. an der IMC Fachhochschule Krems

Pap R. (1996); Geomantie und Landschaft. Eine erweiterte Betrachtungsweise unserer Mitwelt; naturwiss. Dipl. Arb. an der Universität für Bodenkultur Wien

Reichenhauser A. (2003); Die psychologische Wirkung von Farben; philosoph. Dipl. Arb. an der Universität Klagenfurt

Interviews und Emails

Auer I. (2007); Telefonat zu Architektur in der Wellnessphilosophie; Hoteldirektorin vom Naturhotel Waldklause, 15.Jänner 2007

Bren H. (2007); Telefonat zu Architektur in der Wellnessphilosophie; Eigentümer und Geschäftsführer des Balance Hotel Mavida, 22.Jänner 2007

Geyer G. (2007); Persönliches Gespräch zu Architektur in der Wellnessphilosophie; Eigentümer der Firma acqualine, Wien am 23.Jänner 2007

Gspan S., Dr. (2007); Telefonat zu Architektur in der Wellnessphilosophie; Geschäftsführer der ETB Edinger Tourismusberatung, 24.Jänner 2007

Gstettner G., Mag. (2006); Persönliches Gespräch zu Architektur in der Wellnessphilosophie; Mitarbeiter international sales bei Thermarium GmbH. Gespräch im Rahmen des Seminars „Wellness-Stressless" im Quellenhotel Bad Waltersdorf am 23.November 2006

Haberl J. (2007); Persönliches Gespräch zu Architektur in der Wellnessphilosophie; Bauherr und zukünftiger Betreiber des Hotels Larmiar, Ferienmesse Wien, 13.Jänner 2007

Hackl A. (2007); Persönliches Gespräch zu Architektur in der Wellnessphilosophie; Besitzer und Betreiber von Das Gogers, Neudau am 10.Jänner 2007

Hallwachs J. (2007); Telefonat zu Architektur in der Wellnessphilosophie; Geschäftsführer von Spa Company GmbH (CH), 14.Februar 2007

Hirschenberger A. (2007); Telefonat zum Thema Bäderhygienegesetz, Mitarbeiter der MA 36 in Wien, 20.März 2007

Kalcher M. (2007); e-mail Kommunikation zu Architektur in der Wellnessphilosophie, General Manager von Balance Resort Stegersbach am 11.Jänner 2007

Klingenschmid J. (2007); Telefonat zu Architektur in der Wellnessphilosophie; Geschäftsführer von Klafs Saunabau KG, 05.Februar 2007

Krißmer H. (2007); e-mail Kommunikation zu Architektur in der Wellnessphilosophie, Atelier Krißmer und Partner, 14.Februar 2007

Kumpf G. (2007); Telefonat zu Architektur in der Wellnessphilosophie; Mitarbeiterin der Verkaufsorganisation bei Haslauer, 30.Jänner 2007

Lauter U., Mag. (2007); Persönliches Gespräch zu Architektur in der Wellnessphilosophie; Assistentin der Geschäftsführung des Loisium Hotel, Langenlois am 15.Jänner 207

Monnerjahn D.; Thurner J. (2007); Telefonat zu Architektur in der Wellnessphilosophie; Wellness und Spa Consulting, Thurner Architektur, 31.Jänner 2007

Özalp S., Mag. (2007); Persönliches Gespräch zu Architektur in der Wellnessphilosophie; Marketing Direktor des Hotel Sacher Wien, Wien am 30.Jänner 2007

Schaffer M., Mag. (FH); Gangl H. (2007); Persönliches Gespräch zu Architektur in der Wellnessphilosophie; Geschäftsführer bei Kohl und Partner Wien. Gespräch im Büro der Firma in Wien am 19.Jänner 2007

Schramm H. (2007); Telefonat zu Architektur in der Wellnessphilosophie; Verkaufsleiter von Deckelmann Wellness (D), 24.Februar 2007

Internetquellen

Alpha-suggestion, (2005); Der Alphazustand und das Wissenschaftliche Fundament
<http://www.alpha-suggestion.at/wissenschaftlich.htm>; Zugriff: 22.01.2007

Deep in, (2007); http://www.deep-in.at/index3.html, Zugriff: 17.02.2007

Deutscher Wellness Verband (2007);
http://wellnessverband.de/infodienste/beitraege/070225_medwellness.php, Zugriff:
27.03.2007

Drewes F., (2007); Architektur und Design – zwei Wörter, eine Bedeutung ?;
<http://www.ebn24.com/?page=3&id=1764&projekt=122&seite=1&sprach_id=1&land
=&st_id=48>, 08.01, 2007, Zugriff: 28.01.2007,

Fischer K., (2007); Spezialseminar: Farb- und Persönlichkeitstest. Der große Frieling-
Farbtest; http://www.lichtundfarbe.at/seminare/frieling-test_def.html, Zugriff:
24.03.2007

Frenzel M., (2005); Wellnessarchitektur heute; http://www.wellness-
planung.de/architekturwellness.htm, Zugriff: 29.01.2007

Hollein, (2007), What is architecutre?
<http://www.hollein.com/index1.php?lang=de&l1ID=6&l2ID=1&sID=26>, Zugriff:
28.01.2007

Hollein, (2007), Alles ist Architektur,
<http://www.hollein.com/index1.php?lang=de&l1ID=6&l2ID=1&sID=12>, Zugriff:
28.01.2007

ISPA, (2006); 10 Spa Domains,
http://www.experienceispa.com/ISPA/Education/Resources/10+Spa+Domains.htm>,
Zugriff: 18.12.2006

Krissmer H., (2007); Outdoorwellness – der Trend, in und mit der Natur zu leben,
<http://www.deep-in.at/index3.html>, Zugriff: 18.02.2007

Move niedrigstenergie Flächenheizsysteme GmbH, (2007); http://www.move-
you.com/innovation1.html, Zugriff: 15.03.2007

Oe1 ORF, (2006); Ist gute Architektur vermittelbar? Kann man gute Architektur
definieren?; <http://oe1.orf.at/highlights/15348.html>, Zugriff: 05.10.2006

Pfeiffer, (2007); Bäderhygiene <http://www.pfeiffer.cc/competence-
fachplanung/baedertechnik-pool-spa-engineering/baederhygiene.html>, Zugriff:
09.02.2007

pla'tou, (2007); o.V.; <http://platou.dirk-linke.de/portal3/index.php>, Zugriff: 16.01.2007

Relax Guide, (2007); http://www.relax-guide.com/uebersicht.php?country=at, Zugriff:
27.03.2007

o.V., (2007a); Farbkreis; <http://www.raumkunstgraf.de/farben.htm>, Zugriff: 14.01.2007

o.V., (2007b); Yin und Yang <http://nrich.maths.org/content/id/2912/yinyang.gif>, Zugriff: 06.02.2007

o.V., (2007c); Die fünf Elemente <http://www.5elements.ch/img/5elemente290x175de.gif>, Zugriff: 06.02.2007

Bildernachweise

Alphaliege (2007); <http://www.alphaliege.com>; Zugriff: 03.02.2007

Alpenrose Sporthotel Wellnessresidenz (2007);
    <http://www.alpenrose.at/xxl/_hm/4/index.html>, Zugriff: 02.02.2007

Copyright Mavida Balance Hotel GmbH (2007); <http://www.mavida.at>, Zugriff: 02.02.2007

Falkensteiner Hotels & Resorts (2007);
    <http://www.media.falkensteiner.com/script/fotogalerie/seiten/dt/a.asp?ID=159>, Zugriff: 03.02.2007

Hamam Baden (2007); <http://www.hamam-baden.at/>, Zugriff: 12.03.2007

Hotel Astoria (2007); <http://www.astoria-seefeld.com/html/willkommen.html>, Zugriff: 02.02.2007

Hotel Madlein (2007); <http://www.ischglmadlein.com/de/zen_garden.shtml>, Zugriff: 03.02.2007

Hotel Madlein (2007); <http://www.ischglmadlein.com/de/feuerraum.shtml>, Zugriff: 03.02.2007

Hotel Post Bezau (2007); Bildergalerie
    <http://www.hotelpostbezau.com/start.php4?m1id=1&nlan=1>, Zugriff: 02.02.2007

Larimar Hotel (2007) Skizze http://www.larimarhotel.at/?site=baustellennews, Zugriff: 12.03.2007

Interviewleitfaden Berater

1. Wie definieren Sie ein Spa / einen Wellnessbereich? Welche Elemente und Bereiche sollten Ihrer Meinung nach auf jeden Fall vorhanden sein?

2. Was verstehen Sie unter einem ganzheitlichen Konzept? (Spakonzept)

3. Was genau sind die Bedürfnisse des Auftraggebers? Wie viel % haben bereits ein fertiges Konzept und wissen was sie wollen?

4. Haben Sie als Berater Einfluss auf das betriebliche Konzept des Betreibers?

5. Wie werden die Konzeptideen architektonisch umgesetzt? (Geomantie)

6. Nach welchen Kriterien wird die Innenausstattung ausgewählt? (Farben, Materialien, Feng Shui)

7. Inwiefern werden Farbe – Licht – Duft – Klang – thematisiert und in Szene gesetzt?

8. Welche Trends können Sie in Ihrer Branche feststellen?

9. Was ist ihrer Meinung nach entscheidend, damit sich der Gast wohlfühlt?

10. Mit welchen Firmen / Fachplanern arbeiten Sie zusammen?

a	Architekt	d	Sanitärtechniker
b	Innendesigner	e	Lichttechniker
c	Sauna- und Bäderbauer	f	Landschaftsplaner

11. Welche Schwierigkeiten treten

    in der Planungsphase

    in der Bauphase häufig auf?

12. Gibt es Schnittstellenüberschneidungen bei der Verantwortlichkeit der einzelnen Bereiche?

13. Welche Rollen spielen das Bäderhygienegesetz und nachhaltiges Bauen bei der Planung und Realisierung?

14. Welche Rolle spielt die Kommunikation zwischen den beteiligten Projekt-Partnern?

Interviewleitfaden Hotelier

1. Wie lautet das Konzept Ihres Hauses und wie kam es zu Stande? Wer ist Ihre Zielgruppe?

2. Wie haben Sie das Spa positioniert, als USP oder Zusatzangebot?

3. Handelt es sich um einen Zu-, Um- oder Neubau und wann wurde dieser getätigt?

4. Welche Rolle spielt die Architektur und wie wurde sie eingesetzt?

5. Woher kam die Idee mit zeitgenössischer Architektur zu bauen?
   a   Persönliches Interesse an Architektur
   b   Spa Beratung
   c   Architekt / Baumeister

6. Nach welchen Kriterien haben Sie die beteiligten Projektpartner ausgewählt?
   a   Spa Beratung   d   Empfehlungen
   b   Informationen   e   Persönlicher Kontakt vorhanden
   c   Fachmessen

7. Haben Sie vor Baubeginn ein klar definiertes Konzept an die Projektpartner weitergegeben? Was verstehen Sie unter einem Konzept?

8. Inwieweit wurde das Betriebskonzept von den Projektpartnern beeinflusst und mitbestimmt?

9. Nach welchen Kriterien wurden die Angebote / Anwendungen ausgewählt? Farbe – Licht – Duft – Klang – thematisiert oder reduziert? Einflüsse fernöstlicher Kulturen? Und Warum?

10. Wie sieht Ihr Behandlungskonzept aus? Wie viele Anwendungen bieten Sie an?

11. Glauben Sie dass Sie mit der zeitgenössischen Architektur und Design eine stärkere Positionierung gegenüber Ihren Mitbewerbern schaffen konnten?

12. Welche Schwierigkeiten sind bei der Umsetzung aufgetreten?

13. Gab es Schnittstellenüberschneidungen bei der Verantwortung der einzelnen Bereiche?

14. Welche Rolle spielte die Kommunikation zwischen den beteiligten Projekt-Partnern?

15. Mit welchen Herausforderungen sind Sie seit der Fertigstellung des Um-/ Neubaues konfrontiert. z.B. in den betrieblichen Abläufen?

Printed in Germany
by Amazon Distribution
GmbH, Leipzig